お金を稼ぐとっておきの方法

お金と働き方の常識をアップデートせよ

南 祐貴（セカニチ）

ダイヤモンド社

・はじめに・

この本を手に取っていただきありがとうございます。午前2時に日本経済新聞を読んでSNSで発信する**セカニチ**（#世界最速で日経新聞を解説する男）と申します。投資家・起業家・作家・ジャーナリスト・SNS発信者として日々情報発信し、「**正しいお金の知識を広めたい**」が活動のモチベーションです。

日経新聞からは1円も受け取っておらず、公平・公正な発信がポリシー。皆さまが本を購入してくださることでセカニチの活動が継続できています。いつも励みになる応援のメッセージをいただき、心から感謝を申し上げます。

私は小学生時代からポケモンを極めており、金銀の図鑑は251匹すべて揃っていないと気持ち悪くなってしまうほどマメなオタクだ。今でもマメすぎるほどオタク気質は続いており、**大量の活字を毎日インプットして投資・会社選び・経済・お金・税金・選挙**を考え続けている。無数の新ポケモンと毎日出会っている感覚にワクワクしている。

私は**10年以上の株式投資**を通じて何千社もの会社を見続けた、**会社選びのプロ**だ。そして**10年で500人以上の大学生の模擬面接・YouTube撮影**をした、**人を見るプロ**でもある。毎日数十通のDMが届き、**2000人以上の人生相談**に乗ってきた、**人生の悩み相談のプロ**でもある。その**10年間のノウハウ**を本書で公開する。

本書のキーワードは「**お金を稼ぐ**」だ。タイトルにある通り、**とっておきの方法**を伝授しよう。本書はセカニチにとっての**ベストアルバム**だ。

世界で最も高いワインは1本7300万円

2018年、NY（ニューヨーク）のオークションで1本のワインが**史上最高額**で落札された。1945年産のロマネコンティ、なんと**1本＝約7300万円**（55万8000ドル）だ。赤ワイン1本とはグラス6杯分、つまり**1杯＝約1200万円**になる。古酒は希少性の高さから高値で取引されている。

ロマネコンティの原料はブドウ種ピノ・ノワールである。品種の格付けの差はあるものの、実はピノ・ノワールと名の付くワインはスーパーで**1本1000円以下**でも買える。私は夏場に部屋に放置して腐らせ、ゴミにしたこ

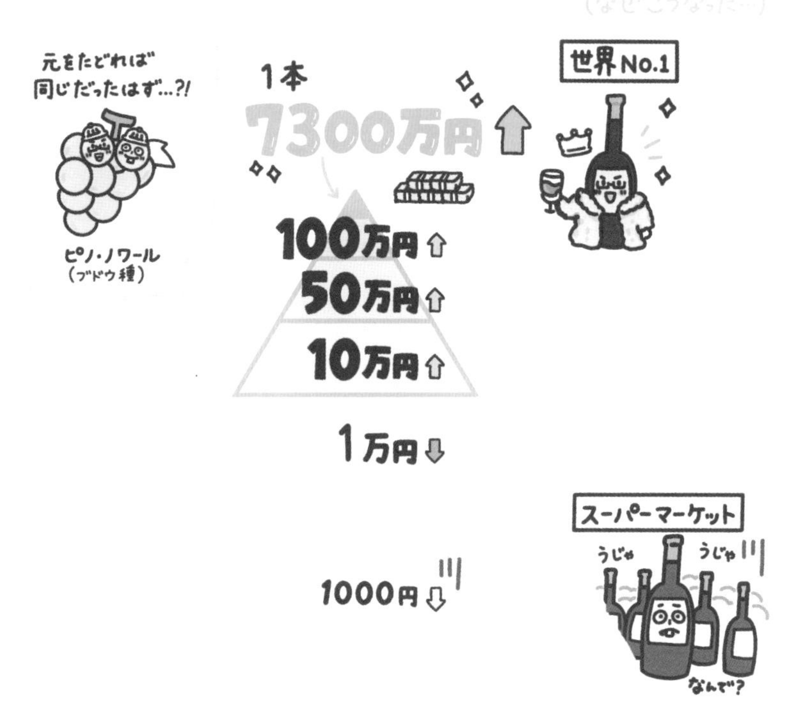

ともある。**元をたどれば同じブドウ種**のはずが、7300万円にもなるし、ゴミにもなる。一体どこで「差」がついたのか？ ポイントは2つだ。

①正しい方法で置かれる。②正しい場所で長い時間を重ねる。

いかに**正しく時間が投資されたか**が重要。時間の使い方が正しければ、希少性が高まって**価値は増える**。ワインだけではなくアートも同じで、紙と絵の具で作られただけの価値のなかった作品でも、時が経てば**数億円**になることがある。**時間の価値**はそれほど重い。

時間とは絶対に腐らせてはいけない最も大切な**資産**だ。

これは**あなたの人生も同じ**だ。**正しい場所（良いイス）**に座る、そして**長い時間**を重ねる。長い時間をかければ**誰でも数億円の資産が作れる。**

一方で、劣悪な環境（悪いイス）ではあなたの人生は腐ってしまう。

「3億円」が欲しいですか？

私ももちろん欲しい。**今日からの行動によって誰でも3億円が得られる**かもしれない。繰り返すが、私たちが持っている**最大の資産は“時間”**だ。そして1日＝24時間という**時間は平等**だ。国籍・人種・性別・年齢・学歴・職歴・貯金額・親の年収…等は全て関係ない。

この文章を読んでくださっている皆さまも、忙しそうに働く店員さんも、眠そうな友人も、スタジアムに立つスポーツ選手も、BESTAでトレーニングをする私も、今この瞬間も全ての人が平等な1分1秒を過ごしている。

この本から顔を上げてぐるっと周囲を見渡すと、どんな人たちがいるか？忙しそうに通勤する人、スマホを見てだらだらする人、PCに何かを打ち込む人、ご飯を食べる人、友達とおしゃべりをする人。目に入った人々は全く違うことをしているが、**1秒ずつ進む時間のスピードは全く同じ**だ。

「**投資は時間のゲーム**」という格言がある。

30年以上の長期スパンで見ると株価は右肩上がりであるがゆえに、**投資は早く始めるだけ成功確率が高まる**という意味だ。この格言は**金融市場**の常識だが、実は**労働市場**でも同じだ。

あなたが、どこ（Where）にどう（How）**時間を投資する**かで、得られる生涯の資産は**何億円も変わる**。まさにTime is money.

あっという間に時間は過ぎる。目を閉じて昨日の1日を思い出してみよう。どこに行って、誰と会って、仕事で何をして、何を食べたか…。1日は驚くほど早く終わる。光陰矢の如し。月日が過ぎるのは矢のように速い。

睡眠＝8時間、働く＝8時間、移動＆身支度＝1時間、食事＝3時間。

この4項目を足しただけでも**すでに20時間も経過**している。残りの4時間は？ スマホ・SNS・動画・ゲーム・テレビを観ていたら、24時間が終わっている。冷静に考えると、**時間＝命**だ。私たちは**命を削りながら働いている**。死は誰にでも平等に訪れる。肩書や資産額は関係ない。

命＝時間＝死は全て平等だ。

「働く」とは「時間の投資」

生きるために必須な睡眠＆食事を除くと、**最も大きい項目は「働く」**だ。
人はなぜ働くのか？ 多くの人にとっては**お金を得るため**だろう。約6年間の私の会社員生活を振り返ると、平日の仕事に疲れ、金土は最高の解放感で浮かれる。日曜夜に気分が沈み、月曜朝に嫌な気分で電車に乗る。これが**1週間の苦痛なサイクル**だった。現在は偉そうに「働き方・会社選び・キャリア・お金・投資・人生」の本を書いているセカニチだが…、実は私自身が**キツい挫折＆失敗**を何百回も味わった。**会社で、デスクで、何度も泣き**、悔しすぎて涙も鼻水も止まらずトイレの個室から出られなくなった。オフィスで朝を迎えた回数も数えられない。入社3年目（24歳）でハゲて頭頂部が焼け野原になるほど、私は会社のストレスに毎日苦しんでいた。

夢をあきらめる平均年齢は「24歳」という調査結果がある。10代で抱いた夢があっても、会社員になると日々の仕事で消耗し、人生に疲れてしまう。そして無情にも時間は過ぎ、30代・40代になる。**時間を止めることは誰にもできない**。私自身が働き方に苦しんだからこそ、「時間が無い」と**夢をあきらめる人に勇気を与えたい**。だから**生きる＆働く（お金を稼ぐ）＝時間の投資**をテーマに執筆を決めた。誰よりも失敗したからこそ、私のような辛い思いをする会社員を1人でも減らしたい。それが**セカニチの存在意義**だ。

あなたの「生涯賃金」はいくらか？

生涯賃金の"平均"は「約3億円」だ。皆さまの生涯賃金と比べていかがだろうか？ 1分間でも良いのでラフに計算していただきたい。

※ 生涯賃金：生涯で得る賃金の総額。ベースの給料・残業代・夏冬ボーナス・手当・退職金…など全てを含む。
※ 前提条件：税引き前の金額（額面）で統一。定年は60歳。現在の会社で定年まで勤め続ける。退職金が分からない人は2000万円と仮定。
※ 出典：大卒・男性・60歳まで勤務・退職金込みの生涯給料は平均2億9100万円（労働政策研究・研修機構、2018年調査）

日本トップ10企業の生涯賃金は「5億円以上」だ（※出典：有価証券報告書、四季報）。私たちは全員が**平等な時間**を歩んできたはずなのに、生涯賃金で**2倍近く**差が開いている。例えば日本を代表する**3大商社**（三菱商事・三井物産・伊藤忠商事）の生涯賃金は役職無しの**平社員でも5億円以上、重役なら7億円以上**（現役社員へインタビュー）。毎月使える経費枠を含めるとさらに跳ね上がる。有価証券報告書で公開されている**総合商社の平均年収は1500万円以上**（42歳前後）。実は“平均”には一般職等も含まれているので、**総合職に絞ると20年目では年収2000万円**を余裕で超える。実際、3大商社勤務（オーストラリア駐在）で14年目（36歳）は年収2500万円以上だ（駐在手当等も込み。2022年）。**プロ野球選手を超える年収**の会社員は実在する。この方が順調に出世すると生涯賃金は8億円を大幅に上回る。

堅く見込んで、**日本トップ企業の生涯賃金＝6億円**と定義しよう。

※【重要】総合商社以外にも日本トップ企業はある。詳しくは「生涯給料 ランキング」で検索。トップ50でも名が知られていない企業は多い。また、生涯賃金ランキングには注意点もある。外資系は含まれない、賃金を公表していない企業がある、一般職や契約社員も含まれるので合計金額が低く見える、一般職等が少ない企業は平均金額が高く見える…など。正確なランキングを作成するのは不可能。あくまで参考。

平均企業＝3億円、トップ企業＝6億円と、生涯賃金で**3億円以上の差**が開いている。これが冒頭で述べた「3億円が欲しいですか？」の問いの意味だ。加えて、現実には**金融資産というさらなる格差**がある。20～30代からNISA・iDeCo・企業型DC・持株会・個別株・住宅ローン・投資用不動産…など、**コツコツと時間をかけて投資**をすると約35年後には**金融資産＆不動産で2億円以上**に到達する（投資の詳細は第5章）。

以上の資産の話には、親族の相続等は1円も加味していない。

自由への招待状

元をたどれば**同じ“日本人”のはずが、5億円以上の格差**が生まれている（生涯賃金3億円、金融資産2億円以上）。「5億円が欲しいですか？」と聞かれたら私は欲しいと即答するだろう。

人生で2倍以上の差が生まれる理由は、**頭の良さ・学歴・家系・業務内容・顧客の満足度…ではない**。高い給料＝高い能力ではない。あなたの年収（生涯賃金）を決める要素は、**どこのイスに座るか（＝働く場所選び）**だ。

本書の信念は**「再現性」**だ。稼ぎ方の知識がゼロでも、**誰でも真似できる方法“だけ”を厳選**して書いた。就職・転職・副業・投資・起業…など、お金を稼ぐのに“特別な魔法”は無い。王道を知れば、誰でも再現できる。

賢明な読者の皆さまであれば、正しい努力で必ず3億円以上を取り戻せる。

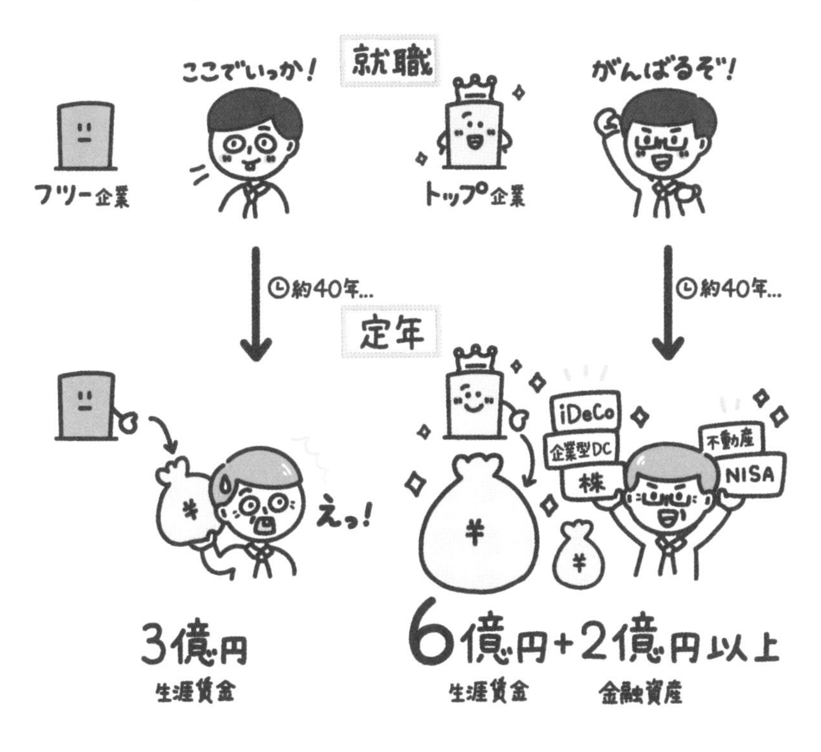

「**自由に生きたい。出社したくない。FIRE したい。でも、稼ぎ方が分からない。給料は変わらない。頑張っても意味がない**」。そんなモヤモヤと絶望を言語化し、今すぐ人生の不安を消してみせよう。図解とイラストを交え、分かりやすく体系的にまとめた。苦しさを感じている皆さまへ、本書が**自由への招待状**となるよう、最後までお付き合いいただけると作家冥利に尽きる。

人生の自由へようこそ。**奇跡の大逆転**は今日から始まる――。

《オススメの楽しみ方》前作『世界一面白くてお金になる経済講座』（ダイヤモンド社）も同時にお手元にご用意いただけると、本書を２倍深くご理解いただける。一緒に復習できるよう該当のページも記した。ぜひご賞味あれ。例：［セカ本① P.16 参照］（①は今後も通し番号が増える予定のため）

contents

002 はじめに

日本の未来がヤバい理由

016 「月給100万円」アルバイトは存在する！

017 「年収8000万円」の寿司職人

020 「ハンバーガー1個＝1000円」時代がやってくる

021 年収が決まる要素は、「どこ」にいるか

025 日本にいても損をするだけ？
値上げラッシュの理由

030 円安になる原因は何か？

032 「給与格差」は広がり続ける

034 今すぐできる2つのインフレ対策

036 「新しい輸出産業」がカギ

039 働き手が足りない

040 人手不足なのに
あなたの給料は上がらない！

042 このままでは年金制度がヤバい

042 恐怖のインフレ時代、何が起こる？

就職で稼ぐ。どこで働けばいいか？

046 私たちはいつまでこんな働き方をするのか？

046 就職の挫折・失敗

051 「給料」の正体

055 夏のボーナスが「540万円」もらえる会社選びの極意

057 「優良企業に入り、持株会を続ける」が最強

059 優良企業を見つける2つの方法

060 「4種の神器」で資産も給料も右肩上がり

063 決算資料？ IR？ なにそれ美味しいの？

065 就職とは「時間」の投資先である

067 「死にかけているブランド」の見極め方

071 「公務員」の見極め：ツラい現実に涙

074 ベンチャー企業（非上場）を見極める4つのチェックポイント

第3章 転職で稼ぐ。最初の会社選びを間違えたら転職すればいい

078 やりたいことが見つからないあなたへ

079 運命の配属ガチャ

081 「100万円以上」アップもいる転職の成功例

082 「置かれた場所で咲きなさい」は正しいか？

084 良い働き方＝時間の投資

087 やりたいことを見つける3つの方法

091 本当に辛いときは

093 会社選びの4つのポイント

094 転職は今や常識。終身雇用はもはや幻想

096 転職エージェントに聞いてみた

101 こんなにすごいよ「外資系」

101 外資系で働くために準備すること
102 転職の「失敗」談
104 次の会社はブランドではなく、長期的視点で選ぶ
105 ベンチャー企業への転職は？

第4章 副業で稼ぐ。好き・得意・仕組み化でお金を生む

108 なぜ副業をするべきなのか？
108 副業をすべき2つの理由
110 副業を成功させる5つのコツ
113 どんなジャンルで副業するべきか？
115 「SNS」を仕組み化する
118 「SNS」マーケティングを仕組み化する

123 「メディア」マーケティングを仕組み化する
125 「モチベーション」が最重要
126 2つの副業対策
128 副業解禁へ！社会は変わる

第5章 長期投資でお金持ちになる

132 「新 NISA」は国の未来を変える
137 投資とは時間のゲームだ
138 「詐欺師」を撲滅せよ
140 本当の意味での「FIRE」とは？
141 「不動産」が円安でチャンス
150 【株式投資】「日本株」に未来はあるか？

第6章 起業して大金持ちになる

156 1ヶ月で「100万円」を稼いだ学生セカニチ

159 稼ぐのは意外とカンタン - 7 Rules -

167 本物のお金持ちになれるのは起業家だけ

168 利は元（原価）にあり

172 利益とは何か？

173 失敗＝リスク？　4つの恐怖

179 なぜ会社を作ると税金がお得なのか？

180 新しい産業を生み出すことが日本再生のカギ

184 おわりに

※ 本書は2022年12月末時点の為替・株価等で統一する。1ドル＝131円。

※「ドル」は全てアメリカ・ドル（USD）を指している。アメリカ以外の通貨は「豪ドル」と区別して表記する。

※ 皆さまが投資する際は自己責任でお願いします。本書では一貫して「20年以上の長期投資のみ」を推奨している。「短期で儲かる」という詐欺・勧誘にはだまされないように気をつけていただきたい。

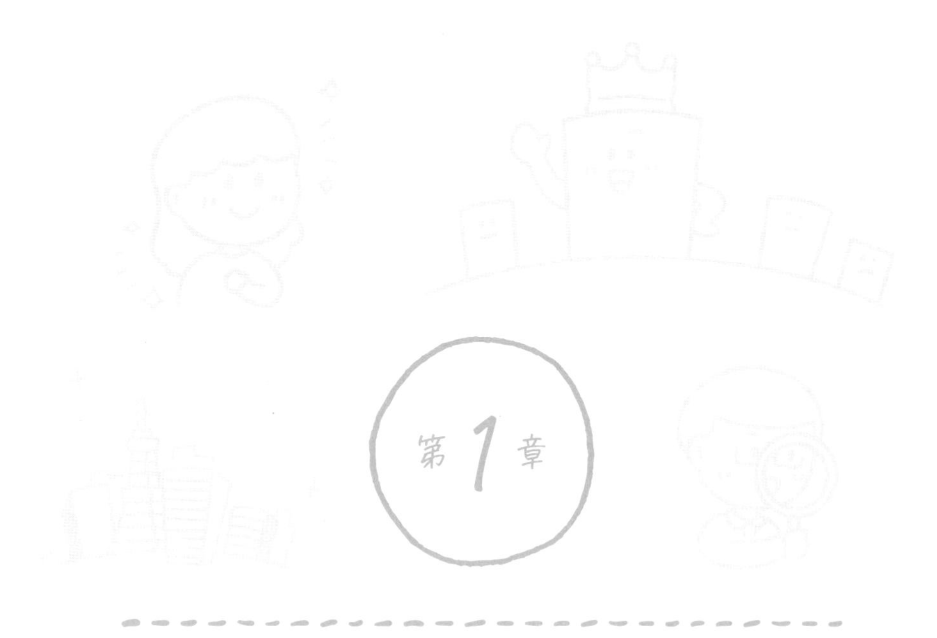

第1章

日本の未来がヤバい理由

「月給100万円」アルバイトは存在する！

稼げる&喜ばれる「出稼ぎ」

「**月給100万円のアルバイト**やってみる？ しかも周りから喜ばれるよ」と聞いたら、皆さまはどう思うだろうか？ うらやましい、やりたい。詐欺（さぎ）ではないか、信じられない。疑いの目を持つのは当然だろう。

しかし**現実に月給100万円を稼いでいる27歳の日本人女性がいる**。現代は円安とインフレの影響によって、**海外で働く方がお金が稼げる**。日本人が**出稼ぎ**をする時代なのだ。

27歳の女性・藤田さんはオーストラリアのシドニーで**アシスタントナース（看護助手）**として働く（1年間のワーキング・ホリデー制度）。

「日本人の看護は丁寧（ていねい）！ Lovely ♡」と現地の顧客&スタッフからは**称賛**され、仕事にも**大きな喜び**を感じている。

日本の看護師時代は月給38万円だったが、働く場所をシドニーに変えただけで月給80万円になったそうだ。時給は約2700円（時給30豪ドル、1豪ドル＝90円）。さらに飲食店のアルバイトも掛け持ちしており、合計の**月給は約100万円**（額面）。もちろんシドニーでもインフレが進んでいる状態なので、カップ麺・パンなどの食料品は日本の2～3倍する。しかし外食を避けて**特売品&自炊**の工夫をすれば**生活費は月20万円程度**だそうだ。日本国内でも10万円以下の固定費で暮らしている人は多い。

「自分の訪問看護ステーションを立ち上げる」という**人生の目標**に向けて、毎月**大きな資金を貯めることに成功**している。「日本のままだったら夢をあきらめていた」と語る。

効率良く稼いだ後に日本へ帰国する藤田さんの表情は明るい。

※ 詳しくは「月給80万円　出稼ぎ」で検索。 出典：【円安直撃】「アルバイトで月給80万円」今や日本人が海外へ“出稼ぎ”にいく時代!?（日テレNEWS）

※ ワーキング・ホリデーとは？：休暇目的の入国及び滞在期間中における旅行・滞在資金を補うための付随的な就労を認める制度。18～30歳が対象。詳しくは「ワーキング・ホリデー制度」と検索して外務省のホームページを参照。シドニーへの出稼ぎについてはP38で後述する。

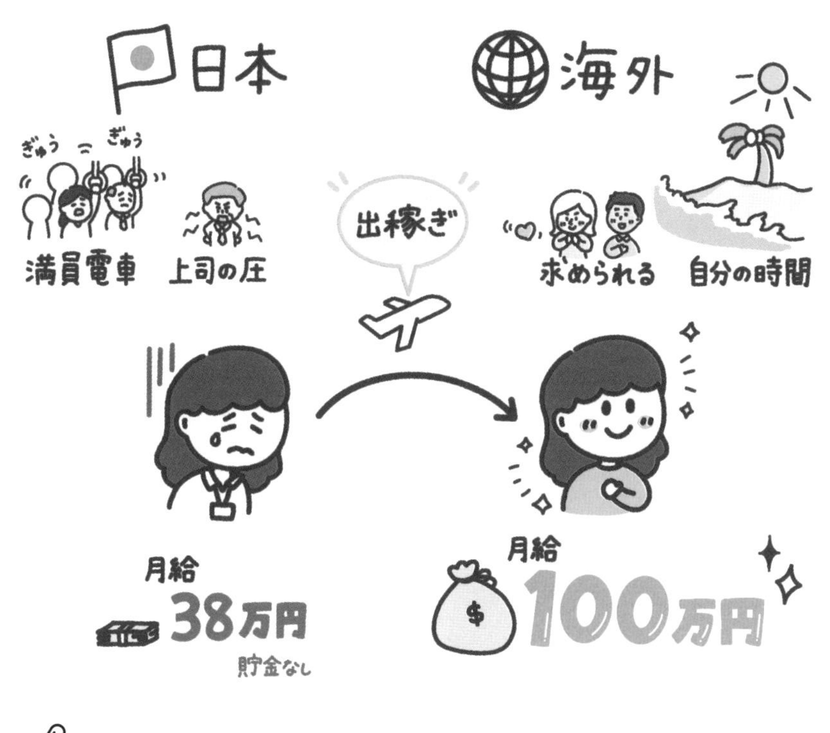

「年収 8000 万円」の寿司職人

「高年収」の暮らし。子どもとの自由な時間

「年収 8000 万円」と聞いてどう思うだろうか。

アメリカ東海岸のビーチリゾート・マイアミ。**寿司職人**・田中さん（37 歳）は成功をおさめ、**年収はたった 7 年間で 300 万円から 8000 万円**になった。

田中さんは 20 代で青年海外協力隊としてアフリカの田舎を訪問。「寿司を作って」と現地の子どもから言われ「日本の寿司の知名度はすごい」と感じ、**寿司職人になることを決意**。アフリカから帰国後、27 歳から銀座の寿司店で修業、**当時は年収 300 万円**で苦労が多かった。**修業時代は、客前で寿司を握ることができず、閉店後に一人で練習に明け暮れる日々**。2 年前に独立し、渡米。アメリカ・マイアミの中心地に寿司店をオープンした。一番人気はおまかせ10貫セット（約8600円）で、ミシュランガイドにも掲載された。店は連日多くの客で大盛況。富裕層からのチップも手厚いだろう。

「やる気さえあれば誰にでもやれる」と田中さんは冷静に語る。

自宅は店から徒歩2分。窓からマイアミが一望できる“高級マンション”、リビングは広く、寝室も2部屋あり家賃は約50万円。子どもが生まれたばかりで「子どもと過ごす時間も必要だ」と言う。

「**海外だったらフラットな目で見られる。スキルを活かしやすい**。寿司職人は外交官のような感じ。カウンターで接客して日本の魅力を伝えられる。魚や米などを日本から買うので**日本経済にも貢献できる**。新店舗もオープン予定だ」。田中さんが雇っている日本人社員の寿司職人は**2年目でも年収1000万円を超える**そうだ。

※ 詳しくは「年収8000万円　寿司」で検索。出典：【“出稼ぎ”日本人】寿司職人は年収8000万円に　バイトでも給料“倍以上”（テレビ朝日「羽鳥慎一モーニングショー」、2022年10月）

14時半に帰れる。もう日本では働きたくない

現在、あなたが年収300万円でも、必ず変わることができる。自由な時間を得られる。理不尽な場所で戦うのではなく、場所を変えるのだ。**無駄に厳しい場所**に留まり続けて時間を失うのは、人生の損失が大きすぎる。

日本を飛び出した**出稼ぎ**の成功者は田中さんだけではない。しょなるさん（32歳）は海外に暮らし、工場で金属加工の仕事を行う“出稼ぎ生活”を送っている。**英語はしゃべれない**。Yes、No、OKの単語とジェスチャーで通用するそうだ。日本では手取り月給25万円だったが、**今は3倍以上、手取り月給80万円**になった。「海外は最低賃金が高い。残業代は基本給の1.5倍も支払われる。土曜日は3時間までは1.5倍で、3時間を超えたら**2倍（ダブルペイ）**支払われる」「生活レベルは日本と変わらない。稼げる額が2倍、生活費が2倍だったら、貯金も2倍増える」「日本にいる時は仕事優先の働き方。今は朝6時頃から仕事が始まるけど、**定時は14時半**。早く帰れる。車で30分走ればビーチもある。**日本より働く時間は短い**。正直な気持ち、**もう日本では働きたくない**」と明かした。

※ 出典：海外なら同じ仕事で年収数倍に!?「正直、もう日本では働きたくない」（ABEMA TIMES、2022年9月）

日本の会社員の平均年収は400万〜500万円前後、しかも**休みが取りにくく、人間関係のストレスを抱えている**人が多い。理不尽な上司・クレーマー気質のお客さんも多い。毎日怒られ、**誰かに称賛されることはめったに無い。**人生に正しい負荷は必要だが、不必要なストレスからは逃げるべきだ。海外で効率よく稼いで、日本に戻ってくれば良い。英語はジェスチャーと表情で十分伝わる。**英語はメンタル次第**だ。**無料ツール**も進化して精度が高い（DeepLやGoogleで翻訳、ChatGPTで英作文の自動化など、無料サービスやスマホアプリ等で十分だ）。セカニチにだまされたと思って一度使ってほしい。

人生は自由だ。あなたの人生をしばる首輪は無い。

月給70万円・時給4300円

日本の最低賃金は時給961円（2022年12月）、正規社員の平均年収の中央値は470万円で、今や主要先進国・G7の中で最下位だ。日本の賃金は30年間ほぼ上がらず、海外と比べると2倍以上離されている。NYでは飲食店のバイトでもチップ込みで時給4000円が最低ライン。時給4000円でも低賃金に分類され、求職者が集まらない状況だ。**アメリカの平均時給は約4300円**（32.58ドル）。1日8時間労働で、20日間働けば**月給約70万円**になる。

月給が増える＝嬉しいこと、と思いがちだが、しかしここには**1つのワナ**がある。**月給が2倍**になったとしても、**生活費（衣食住）が3倍**になったら生活ができなくなる。これがインフレだ。世界中の先進国の都市部（NY、シドニー等）は生活費が高騰している。外食＆スーパーはほぼ全ての**食材が日本の2〜3倍するのは当たり前**。世界No.1のインフレ進行中のNYでは、大戸屋（Ootoya America）の**さばの炭火焼き定食はチップ＆税込みで5000円**以上する（日本では税込み950円）。普通の日本人がNYで外食三昧することは不可能だ。**NYの平均家賃はたった1年で30%も上昇し、6ヶ月連続上昇＆過去最高を記録**した。2022年はマンハッタン（NYの中心部）の平均家賃が史上初の5000ドル（約70万円）を突破。もしNYの中心部に住みたければ東京都心の3倍以上の家賃が必要になる。

日本は家賃が3倍に上昇しているわけではない（今は）。しかし**日本でもインフレは起きている**。分かりやすい食の例として、**みんな大好きマクドナルド**を紹介しよう。

「ハンバーガー1個＝1000円」時代がやってくる

日本のマクドナルドのハンバーガーは2022年2月まで**110円**だったが、3月に130円 → 9月に150円 → 2023年1月に**170円と急速に値上がり**した。たった**1年間で3度目の値上げ**となり、なんと1.5倍以上になった。原材料価格・人件費・物流費・エネルギーコストが上昇し、さらに**為替変動（円安）**の影響を受けた。外国産の肉の輸入では、円安は日本人にとって不利だ。

値上げのスピードに驚くが、しかし値上げ後の価格を見ても世界的に**日本のマクドナルドは安い**。**値上げ後でも世界53カ国中で日本は40位前後**だ。ビッグマック指数（BMI）が有名だが、日本の450円（値上げ後。それまでは410円）に対して、**アメリカは約720円**（約5.5ドル）。値上げ後でも日本とアメリカでは1.6倍の差がある。世界に目を広げると、物価が高い（&賃金も高い）スイスではビッグマックは約920円（6.50フラン、1フラン＝141円)だ。**1個約1000円のビッグマック**はすでに地球に存在している。

日本のハンバーガーの歴史を紐解く（ひもとく）と、たった**20年間で約3倍**になっている（2002年59円 → 2023年170円）。2002年の59円は異常な値下げによるものなので一概には言えないが、今日から20年後の値段が3倍以上になる可能性も否定できない。

結論、**日本の外食の値段はこれからもっと上がる**。日本の外食産業は**低賃金に限界**が来ており、**値上げマグマ**が溜まりすぎている状態だ。ここにきて原材料やエネルギーの価格も高騰しており、噴火は時間の問題。株主も経営者も値上げしたくてウズウズしている。つまり一度上がった**値段が下がる可能性は考えにくい**。「赤信号　みんなで渡れば怖くない」の**横並び精神**は日本を象徴した言葉であり、大手企業が値上げしたら横並びで他社も値上げするのが日本だ。だから**日本のインフレはまだ序章**にすぎないと思う。

サイゼリヤのパスタ大盛りが無くなったり、5個入り商品が4個に減る**ステルス値上げ**が起きたり、ポイント制度が**ステルス改悪**されている。日本のインフレは基本的にステルスなので国民は実感しにくい。日本のハンバーガーの値段を見ていると、今後の急速な値上げは**わずか1年**でも起きる可

外食がインフレ

ハンバーガーの原材料価格が上昇

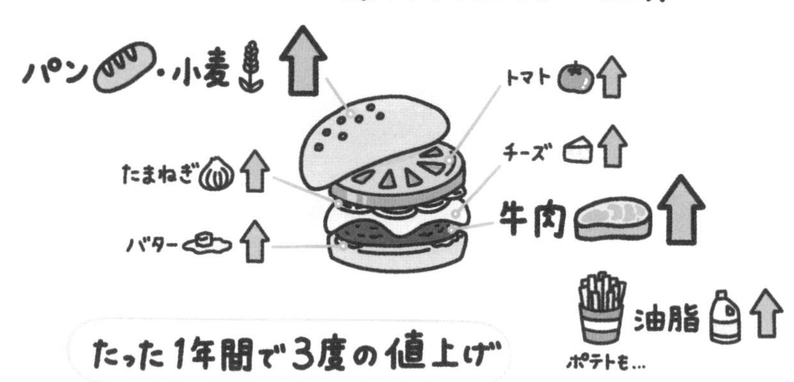

マクドナルド ハンバーガー 110 → 130 → 150 → 170円
(2022年2月) (2023年1月)

※まだ序章

能性は高い。物価上昇の波は確実に広がっている。

「インフレ」という単語は日本のTwitterではバズらないが、「**マクドナルド値上げ**」は何百万回もリツイートされて拡散される。日本はそういう国だ。**国民はハンバーガー値上げのニュースで初めて“インフレ”に気付く。**

年収が決まる要素は、「どこ」にいるか

生活費が上がる＝悲しいこと、と思いがちだが、ここには**1つの抜け道**がある。もし**生活費が2倍になったとしても、月給が3倍**になったら豊かな生活ができる。「**年収を上げたい**」は誰もが思って当然だ。

カンタンに年収を上げるには、**良いイスに座る**ことだ。つまり**どこ（業界）で働くか**。**働く会社選び・業界選びであなたの年収が決まる**。

ここで日本の**業界別の平均年収**をグラフ（右図）で理解しよう。

総合商社・コンサル・海運がぶっちぎりだ。世界情勢の変化・インフレがそのまま自社の利益に直結している。その次に**半導体・不動産・建設・医薬品・ソフトウェア**が強い。上位10業界は今後何十年経っても強さは変わらないだろう（むしろ格差は拡大する）。

その一方で、**旅行・外食・百貨店・介護**の平均年収は非常に低く、悲しい気持ちになる。**格差**が残酷に可視化されてしまった。**旅行・外食・百貨店・介護**は人手不足が慢性的に続いており、安く働いてくれる人を探すのにムリが発生している。日本の物価（賃金）が安すぎるのだ。**日本の外食産業で会社員として必死に努力をしても、大金持ちになることはまず無い**。

伸びている業界は、**どの会社も働き手が足りていない**。転職エージェントや人材紹介企業に多額の紹介料を積んで**人の奪い合い**が起きている。破格の紹介料を払ったとしても、**それ以上にクライアントからお金をぶん取れる**。採用する側は、社員が増えれば増えるほど儲かる構造。DXは魔法の言葉だ。たとえ能力が無くても、評判が悪い社員でも、一流コンサルタントにステップアップ転職ができてしまう（しまった）。まさに**歪(ゆが)み**の状態だ。歪みを知らないまま転職せず低賃金で働き続けている状態は**今の勤務先に搾取(さくしゅ)されているとも言える**。**日本国では一度採用した社員を一方的にクビにすることができない（法律上）**。だから旧時代の慣例に滑り込みセーフの人は**フルリモート・高年収**を勝ち取れてラッキーだ（転職の解説は第3章へ）。

日本最強の高年収業界が総合商社・コンサル・海運であることが分かった。では世界に目を向けると？ **世界最強**の企業ではどうだろうか。

世界最強のTOP4とは？

Apple → Microsoft → Google（Alphabet） → Amazonを“世界**TOP4**”と私は呼んでいる（自作の言葉）。強さ＝矢印の順番だ。本書では**“TOP4”を繰り返し使う**のでここで覚えていただきたい。AppleとMicrosoftがダントツの強さだ。もともとはFacebookも入れてGAFAMと呼ばれていたが、

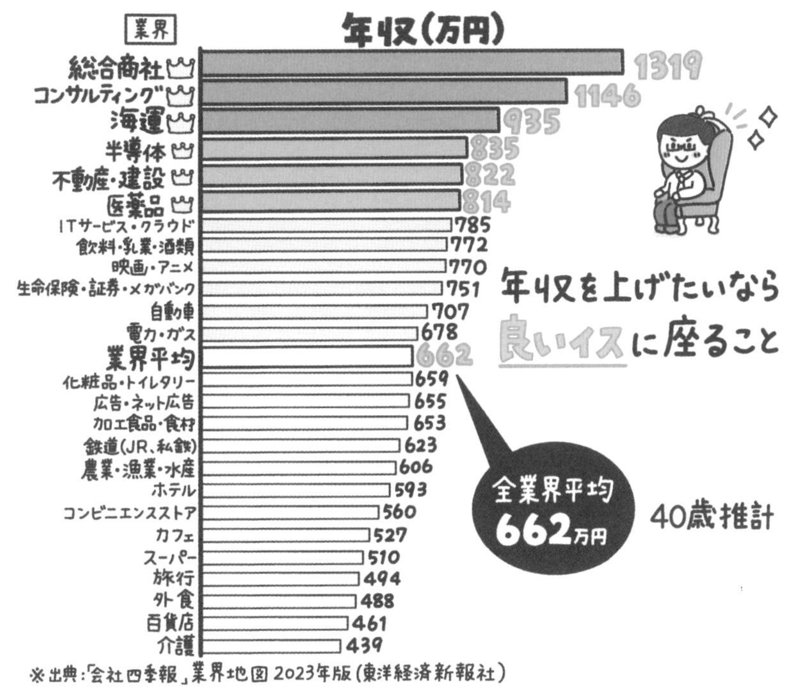

現在はTOP4が世界を席巻している（詳しくは「時価総額ランキング　アメリカ」で検索）。

世界最強のTOP4は、社員の待遇ももちろん**世界最強**。**高収入＆休みも多い**という憧れの状況となっている。

・**Apple**：アメリカのAppleストア店員の**最低時給が約2900円**（22ドル）に上がった。なんとたった**4年で45%の賃金アップ**だ。**月約46万円がAppleストアの最低賃金**（1日8時間×20日）。さらに使い切れないほど**大量の有給休暇**がある（有休＝休んでも給料がもらえる）。年2回の3週間以上の長期休暇は当たり前、休まないとむしろ怒られる。もちろん**残業は禁止**。ストレスフリーのホワイト文化だ。皆さまの勤務先で**直近4年で45%の賃金アップ**はあっただろうか？　そこは**大量の有給休暇があるホワイト職場**だろうか？　私たち日本人は現実を知るべきだ。

・**Microsoft**：サティア・ナデラCEOは、全米各地で低失業率や高インフレが続いていることを受け、**従業員報酬の拡大を約束**した。成果ベース昇給向けの予算を世界各国で**ほぼ倍増**する計画を伝えた。年次株式報酬を少なくとも**25%増額**する方針。ソフトウェアエンジニアの平均年収は約2000万円。

※ 出典：マイクロソフトが従業員報酬を拡大、人材獲得競争の中　成果ベース昇給向けの予算は世界各国でほぼ倍増する計画（ダイヤモンド・オンライン、2022年5月）

・**Amazon**：16万ドル（約2100万円）だった基本年収の上限を**2倍以上の35万ドル（約4600万円）**に引き上げた。労働市場の競争の激しさが理由だ。

※ 出典：アマゾン、米で年収2倍に　優秀な人材確保で「柔軟な働き方」も（JDIR、2022年2月）

「給料＝あなたの能力」ではない

日本では**総合商社・コンサル・海運**がぶっちぎり、世界では**TOP4が高年収企業**の代表だ。日本人は**総合商社**にいるだけで、**10年目・1500万円はほぼ確定**する。全く仕事をしない窓際の40～50代社員でも、総合商社では年収2000万円以上をもらえるので「ウィンドウズ2000」と昔から呼ばれる。世界TOP4で働けば**高年収＆使い切れない大量の有休**が得られる。**夏休み・年末の長期休暇はそれぞれ3週間以上が当たり前**だ。

一方で、**低賃金の代表である日本の飲食業界**でシフト過多＆残業＆メニュー考案＆接客を頑張っても、なかなか**年収は上がらない**。現場の店長は祝日という概念さえ消え、休暇も少ない。駅前でよく見るミドリの某コーヒーチェーン店は、年末は12月30日まで、年始は1月2日から営業していた。

結論、**どこのイスに座るか**であなたの年収は決まる。どんな努力をし、何をするか、**上司から評価されるかは関係ない**。**高い給料＝高い能力ではない。**

最重要は**どこの業界・会社で働くか**だ。**上司の評価によるボーナス上下は“誤差”**でしかない。

1年間、必死に頑張り続けても**ボーナスが±30万円しか変わらない**日本企業の話をよく聞く。であればサボった方が得をするので、仕事をするフリ・もめている風の**演技だけ上手くなるプロサラリーマン**が完成する。劇団のように仕事をするフリだらけの職場は嫌だ。悪いイスに座ったまま上司にゴマスリをしても意味が無い。

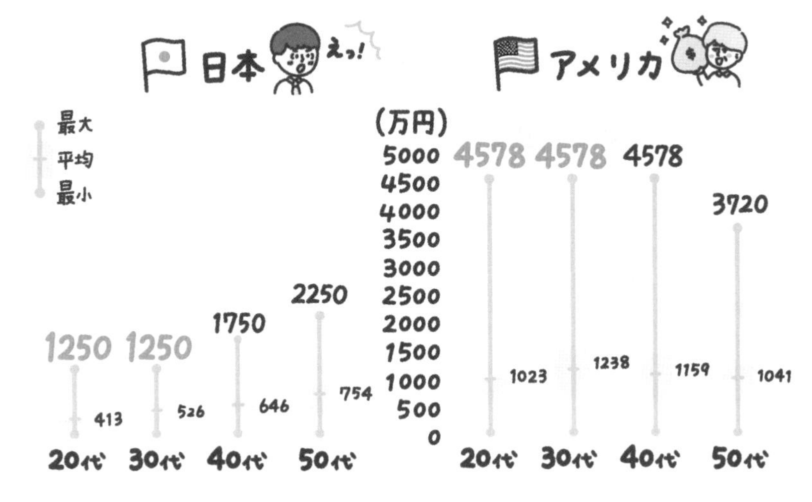

筆者が「はじめに」でワインの保管方法を力説した理由も、**どのイスに座るか?**を伝えるためだ。学生時代は全く同じブドウ種でも、いつのまにか**4倍以上**も価格差がつくのだ。

日本にいても損をするだけ?
値上げラッシュの理由

なぜ格差は広がるのか?

キーワードは**円安・インフレ**。ここから先は、**なぜ円安(円高)・インフレが起こるのか? そもそも物価とは何か?**を解説する。

金利・金融緩和・中央銀行・為替…等の用語は一見難しそうだが、意外とシンプルに理解できて、皆さまが**一生使える知的資産**となる。

ぜひ一緒に**お金の知識**をアップデートしよう。

円安で苦しくなる私たちの生活

結論、日本の未来がヤバい。直近で急速な円安が進行した。なんと**32年ぶり**の水準だ。円の価値が落ちるということは、外国から買うモノやサービスの値段が上がる。つまり**私たちの生活費が上がる**。給料は上がらないのに、生活費が上がるなら、生活が苦しくなるのは当然だ。

実は世界中で生活必需品の**値上げラッシュ**が起きている。「食品・日用品・外食費・ガソリン代・電気代、すべて値上げ…!」「iPhoneが20万円に?!」という声も聞こえる。前述の通り、**値上げはまだ序章**にすぎない。私たちの家計を直撃する前に、**正しいインフレ対策・知識という武器**をお配りしよう。

物価とは何か?

そもそも**物価（モノやサービスの価格）**はどう決まるか?

キレイなダイヤモンドの価値が高い理由は2つだ。

①**［供給］小↓**：ダイヤの数はわずか。

②**［需要］大↑**：キレイだからたくさんの人が欲しい。

欲しい人が多ければ値段が上がる。**需要&供給**によって**価格が決まる**。

世界中の**原材料費**が値上がりしている理由は「R国によるU国への侵略」「コロナ後の欧米の供給不足・需要超過」だ。**原油（≒石油）・液化天然ガス（LNG）の奪い合い**が続くと考えられている。欲しい人が多いと値上げしても売れる。**限られたモノ**を奪い合えば価格は上がる。

※「需要」と「供給」とは? 需要はモノやお金をほしいと思う側（買い手・借り手）で、供給はほしいと思う人にモノやお金を与える側（売り手・貸し手）のこと。需要と供給のバランスが変動すると、価格が上下する。

同じ商品を3倍の値段で売る方法

Q　全く同じソバを「3倍の値段」で売る方法はあるのか?

「アツアツのソバ」を想像してほしい。**12月31日の大晦日（おおみそか）。外は寒い…。**年末は家事もしたくない。ラクして年越しできるなら、1杯1000円でも買いたい人はたくさんいる。

では逆に**真夏**は？ 外はうだるような暑さで全身の汗が止まらない。そんな状況ではアツアツのソバを300円に値下げしても売れない。

全く同じ商品でも3倍以上の値段の差がつく。**要は需要（人気）**次第だ。これで**物価（モノの価格）**をご理解いただけただろう。

為替（かわせ）とは何か？

次は**為替**の話。アツアツのソバと同じで、**通貨の価値**も需要&供給で決まる。日本は資源国ではないので、**発電と自動車**のために、**原油（≒石油&ガソリン）**や液化天然ガス（LNG）が必須だ。世界の基準通貨はアメリカ・

ドルであり、原油等を買うには**円→ドルの為替取引**が必要だ。**為替＝通貨の交換**と理解すればOK。

円安とは何か？

円安になると**私たちの生活にどんな影響があるのか？**1台1000ドルのiPhoneは、円安時と円高時では日本円で**5万円**も変わる（右図）。円安は海外からモノを買うとき日本人が不利になるからだ。簡単に理解すると以下。

- **円安**：円の価値↓ down ＝円弱（よわ）…
- **円高**：円の価値↑ up ＝円強（つよ）！

小学生でも円安・円高が理解しやすくなる**裏ワザ**を伝授しよう。
極端に考えて1ドルを10円 or 1000円と想像する。

- **1ドル＝1000円**:円をたくさん使って1ドルだけゲット。**円が弱い(→円安)**
- **1ドル＝10円**:円を少し使って1ドルをゲットできる。**円が強い（→円高)**

なぜ円安になっているのか？

日本で**32年ぶりの円安**となった原因は？　答えは**金利差**だ。
要するに**人気の差**（右図）だ。もし羽田空港にTWICEとセカニチが同時に到着したら、どちらに人気の行列ができるかは明白だ。

Q　金利とは何か？
元金に対する利子の比率を金利という。例えば100万円を**年利3%で預けたら1年後の利子は3万円**（現在価値100万円・将来価値103万円）。1年以内の短期金利を決めるのは各国の中央銀行だ。

円安・円高は常に“相対的”な価値であり、他国の通貨（ドル、ユーロなど）と比較して表される。もしあなたが100万円持っているとして、
①年間3万円もらえる「ドル」
②金利がほぼゼロでお金が増えない「日本円」

円安＝円の価値が下がる

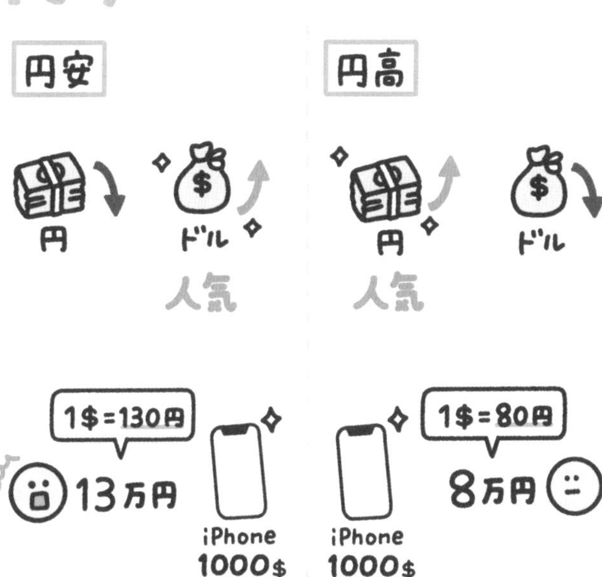

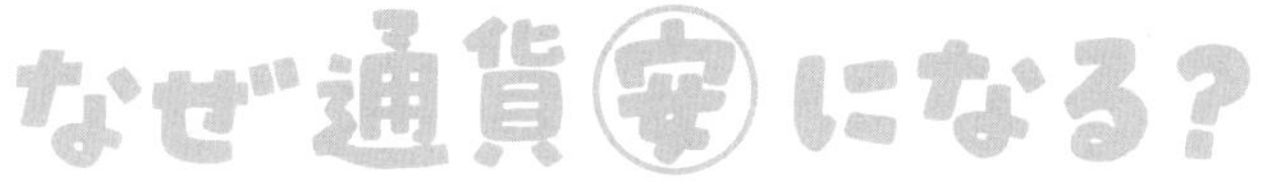

差

人気UP↑＝通貨高 ⟷ 人気DOWN↓＝通貨安

どちらが欲しいと感じるか？ **たくさんお金がもらえるドルのほうが嬉しい**だろう。この状況ではドルが人気になるのは当然（前頁）。金利差が開いているのは**アメリカの物価上昇率が高く、日本の物価上昇率が低い、つまり日本のほうが経済成長率が低い**ためだ。アメリカは金利を上げても崩れないが、経済成長率の低い日本は金融緩和無しでは倒れるだろう。

Q　金融緩和（かんわ）とは何か？

ニュースでよく聞く「ゼロ金利」「マイナス金利」「量的緩和」などもその一環だ。

金融緩和＝水道の蛇口をゆるめて金融市場にお金をばらまくイメージ。
金融引き締め＝掃除機で吸い上げて金融市場のお金を回収するイメージ。
（緩和：Easing、引き締め：Tightening）

円安になる原因は何か？

中央銀行が金融緩和をする理由

なぜ中央銀行は金融緩和をするのか？ それは**経済を活性化させて、大企業の株価を上げたい**からではないか。**金融緩和でゼロ金利にすると、お金が借りやすくなる**。特に**オイシイ**のは2つの領域。
①大企業 → 新ビジネスで**業績アップの可能性大**！
②不動産投資家 → **有利な条件**で不動産を買える！

そもそも信用度の高い大企業はとりわけ有利な条件で融資を受けられるはず。大企業の景気が良くなれば組織票が入り、政治家は選挙で当選し続けられる。そして大企業からの献金でオイシイ汁を吸えるのでは？　そんな背景も見え隠れする。日本は2013年から超金融緩和を続けている。規模・期間ともに**世界的に異次元**だ（日本は異常だ）。それはもはやドーピングに近い。
間違った金融政策だけが原因ではないが、ハイパーインフレーションに陥って国の経済が崩壊した**ジンバブエやベネズエラ**ではパンを買うのに大量の札束が必要になった。トルコでも高インフレが止まらず、経済の崩壊が進

なぜ金融緩和をする？

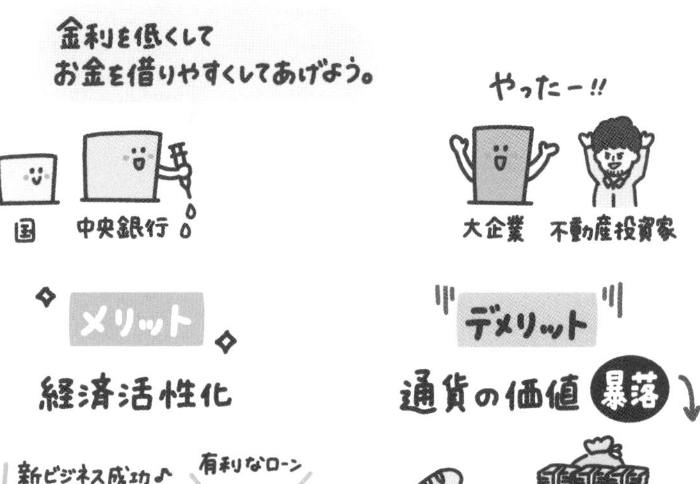

行中だ。今のところ日本にハイパーインフレの兆しはないが、（資金）供給しすぎれば、なんらかのきっかけで貨幣価値が暴落する可能性は完全には否定できない。日本も同じような状態に陥ることはなんとしても避けなければならない。

※ 日銀はなぜ金融緩和にこだわるのか？→日銀の後ろで「ニヤリ」と笑う政治家がいるのではないか。自分たちが大企業からの献金でオイシイ汁を吸えるから、金融緩和は継続してもらいたいのが現在の与党だ。本来は政権と日銀の判断は分離されるべきなのになぜ？ ちなみに日銀総裁の人事権は内閣・国会にある。

※ 私たちが選挙で投票した政治家。つまり私たちに責任がある。※詳しくは「政治献金」で検索。

「金利」と「経済」の関係

金利と**経済**を正しく理解しよう。頻繁（ひんぱん）に聞く**金利の正体**をイラスト化した（P.32参照）。金利＝夏場の冷房のパワー（過熱を冷ます）と理解して良い（セカニチの自作理論）。**経済＝体温**だ。

金利＝夏場の冷房のパワー（過熱を冷ます）
経済＝体温

ポイント：適温であること（正解はない）

・**冷房を「弱↓」**にすると、強い企業が**過熱**（バブルに…）
・**冷房を「強↑」**にすると、一般企業が**冷却**（倒産…）

「給与格差」は広がり続ける

すでに開いてしまった「格差」

Q　円安＝悪いこと？
円安には「メリット」も「デメリット」もある。

○：強い企業が儲かる（世界中で外貨を稼いでいる企業）。もともと稼いでいる企業がもっと強くなる（詳細は第２章）。ただし一方でほとんどの中小

◎世界中で外貨を稼げる強い企業

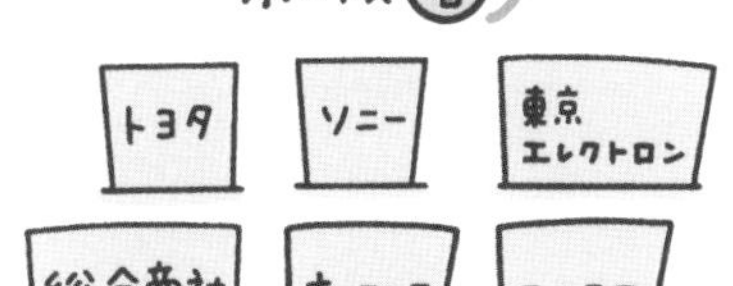

◎観光、ホテル
訪日外国人の爆買い

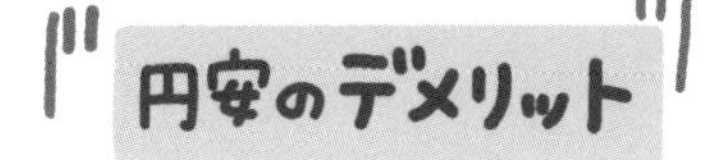

〈スタグフレーション〉

↓

日本でもいずれ起こる？
スリランカ、アメリカでも起きた。
（スタバ、アマゾン倉庫）

企業の給与は上がらない。格差が開く一方だ。

○：観光＆ホテル業が儲かる。外国人にとって、日本のすべてが激安に見える。訪日外国人の爆買いが起こる（日本人が払えない価格に値上がりするが）。

×：日本人の生活が苦しくなる。物価が上がるのに、賃金は上がらず経済は低迷。この状態を“スタグフレーション”と呼ぶ。スタグフレーションが続けばデモがいずれ起こるだろう。スリランカやアメリカでは賃金引き上げのデモが行われている。※「スリランカ　デモ」で検索。

日本人はもう海外旅行できない!?

日本の賃金はもはや主要先進国で**最下位**だ（P.53 参照）。アメリカやイギリスはここ数年で大きく賃金を上げているが、**日本だけが横ばい**だ。

もし物価が上がっても、賃金が同じように上がっていれば問題は無い（が、上がっていない)。もし現状のインフレ＆低賃金が続くと、日本人には**2つの問題**が起きる。

問題①日本から出られない：円安とインフレで、**ハワイへの家族旅行に100万円以上かかる**。海外旅行は夢のまた夢。日本人が海外に行けない**セルフ鎖国状態**。貧困の差が広がり続ける。
問題②外国人に買い負ける：高額不動産を買い、高級店に行けるのは外国人だけに。日本人が結婚相手に貧乏日本人ではなく、**お金持ち外国人**を好むようになるのは時間の問題か。

今すぐできる2つのインフレ対策

①投資をする　②インバウンドで稼ぐ

このまま日本人は絶望するしかないのか？ 答えはNoだ。
今すぐできる**インフレ対策**を2つ教えよう。

対策①投資をする：株・投資信託・不動産などに投資。
価値が落ちるかもしれない日本円だけを持ち続けるのは危険だ。強い企業（Apple、Microsoft）は下げ相場でも下がりづらく、上げ相場では強い上げを記録する傾向が強い。「不動産」は第5章へ。
対策②インバウンドで稼ぐ：外国人向けビジネス。
宿泊、ガイド、コンサルなどで、外国人だけをターゲットにする。英語は重要だ、まだ間に合う。外資系企業に転職することも解決策の1つ。

不安に付け込まれるな

「円安の危機！」など、テレビで不安なニュースが増えると不安な気持ちになる人が多い。生命保険会社の営業マンはその**不安を利用**して、要らない商品をあなたにオススメしてくる。結論、**外貨預金・外貨建ての商品は要らない。**FP（フィナンシャルプランナー）や生命保険会社が儲かるだけだ（生命保険等が不要である論理的な理由は［セカ本① P.117 参照］）。

対策は？

① 投資をする

（株・投資信託・不動産）

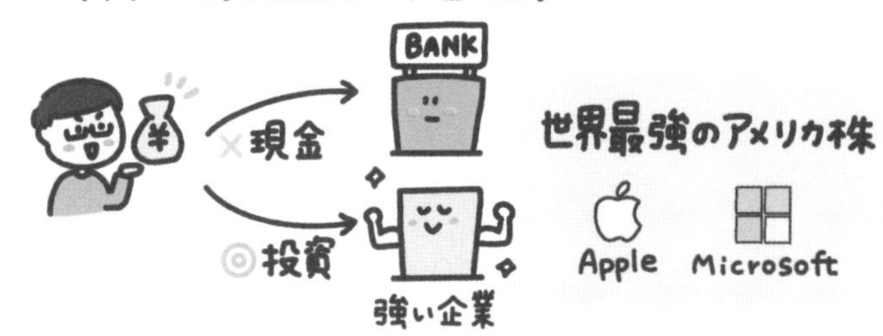

② インバウンドで稼ぐ

外国人を相手にビジネス（日本人を無視）

例：宿泊、飲食、観光、
ガイド、コンサル、
海外企業に転職

アメリカ経済が強く、ドル高・円安が進行しているなら**アメリカ株に順張りをするだけ**（詳細は第５章）。

FX（外国為替）でドルを買うべきか？と聞かれるが、**FXは絶対に手を出してはいけない**（ギャンブル取引をする人が多いので）。

年収１億円のゴールドマン・サックスのトレーダーでも**為替は予測不可能**。FXは投資の本質ではないので絶対に推奨しない。

私たちは上記の**対策①②**で**王道**をいこう。正しい対策をすれば、円安・インフレでも豊かに暮らせる。**心豊かなお金持ちになろう**。

※ もっと長い文章で詳しく中央銀行・金融緩和・金利・為替…を解説したいが、スペースの都合上ここまで。詳しくは「セカニチ　円安」で検索。解説noteは全て無料公開している。

「新しい輸出産業」がカギ

イーロン・マスクの警告「日本はいずれ消滅する」

日本の総人口が過去最大の減少幅を記録した。総務省発表の「人口推計」によれば、2021年10月時点の総人口は1億2550万人となり、前年より64万人減少した。減少幅は1951年以来で過去最大を記録。前年対比の減少率も▲0.51%と過去最大だ。総人口は2008年の1億2808万人をピークに減少傾向にあり、かつ**減少ペースは加速**している。

実業家のイーロン・マスク氏が「**出生率が死亡率を上回るような変化がない限り、日本はいずれ消滅するだろう**」とTwitterに投稿し、世間の関心を集めた（2022年）。コロナ禍により少子化が加速し、かつ外国人の流入が停滞しており、人口減少社会で経済成長するのは困難というほかないだろう。

※ 出典：出生81万人、少子化加速　国推計より6年早く到達　昨年、出生率1.30（朝日新聞デジタル、2022年6月）

※ 出典：総務省、日本の人口動態 2030年代以降は総人口だけでなく労働力人口の減少が深刻な課題に¦JBpress

過去最大の貿易赤字20兆円

日本の貿易赤字が続いている。なんと2022年は**赤字20兆円（過去最大）**を記録した。円安・資源高・海外インフレと、**日本にとってトリプルパンチ**だ。火力発電などで使う原油・液化天然ガス（LNG）などが増え、輸入額が膨らんだ。

貿易赤字とは“入るお金”より“出るお金”の方が大きい状態である。日本は資源国ではないから**原油・LNG**が値上がりするほど貿易赤字になる。残念ながら2023年も**貿易赤字が解消する見通しは無い**。このまま貿易赤字が拡大し続ければ、国力を損うはずだ。

日本から海外に輸出してきたエレクトロニクス製品などが弱くなっている。海外から求められる**日本の新たな産業**が必要だ。候補は何があるだろう？正解は無い。**私たち現役世代が考えなくてはならない**。

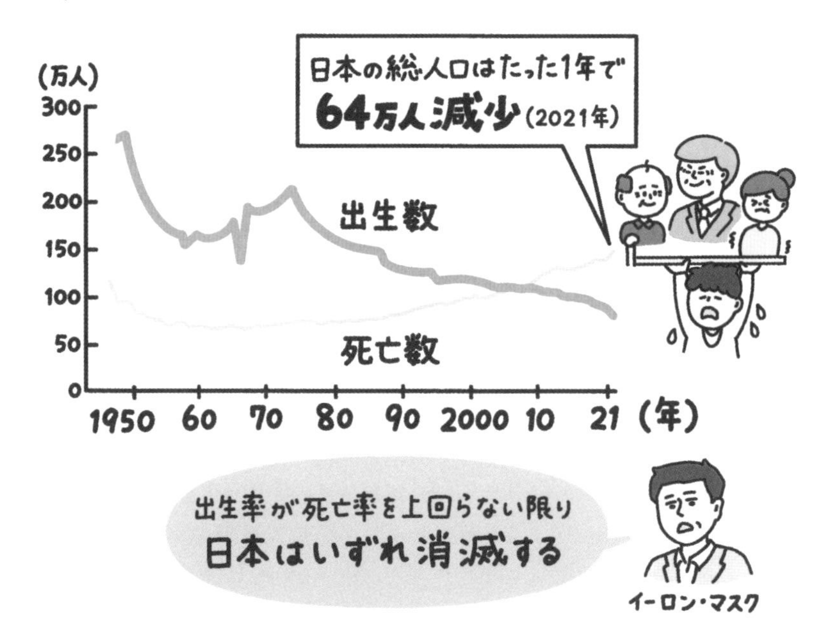

「スシシェフ」ブーム到来?

個人が外貨を稼ぐ手っ取り早い方法は、例えば**寿司**だ。日本食は多少は高くても外国人に人気だ(アメリカの大戸屋のさばの炭火焼き定食は5000円以上)。日本食で人気No.1はもちろんSushiだ。

日本の寿司職人の平均年収は約400万円程度だが、Sushi Chef(スシ シェフ)(寿司職人)として外国で働くだけで**最大で年収2700万円になる可能性**がある(寿司職人・和食料理人専用の求人サイト参照)。

アジアの富裕層にも日本の寿司は人気だ。マレーシアやシンガポールで寿司職人になれば効率よく稼げる可能性がある。寿司職人を支援&育成するサービス(SUSHI JOB・Washokujob・東京すしアカデミー・飲食塾など)も増え続けている。

日本人の20～30代による「寿司職人」ブームは現実的に起こる可能性もある。総合商社を超えた人気No.1の就職先になるかもしれない。
『インベスターZ』（著：三田紀房、コルク）に書いてあったように、いつの時代も先に海に飛び込んだ**ファーストペンギン**が利益を得る。

上がらない日本の生産性（右図）に疲弊するのは危険だ。自分の人生を守るためには、**海外で稼ぐ**ことは近道だ。ただし注意点もあり、セカニチ的には**雇われの身のリスク**を訴えたいので、やはり会社員ではなく**起業の道**を推奨したい（詳細は第6章）。

※ 労働生産性：従業員一人当たりの付加価値額。付加価値額を従業員数で除したもの。労働の効率性を測る尺度であり、労働生産性が高い場合は、投入された労働力が効率的に利用されている。（出典：財務省）

「シドニー出稼ぎ」で衝撃的な生活

アメリカは外国人の旅行ですら**入国審査が厳しい**のは事実だ。そこでセカニチの注目は**オーストラリア・シドニー**だ。出稼ぎ給料＆生活費のリアルなインタビューは「**シドニー　出稼ぎ**」と**YouTubeを検索**して見ていただきたい。**ストレスフリー＆楽しそうに稼いでいる日本人の多さ**に衝撃を受ける。得られる給料は高く、表情は明るい。

カジュアル（＝バイト）でも稼げる。高卒でも**手取り月60万円以上の稼ぎ**。**人手不足**なのでシフトに入ると喜ばれる（仕事には困らない）。残業無しで定時にGo Homeと言われる。生活費の外食は高いが毎日はしない。スーパー＆自炊で安く抑えられる。会社提供で家賃は安い。毎月大きなお金の貯金ができる。鉱山はもっと稼げる。ワーホリ中に気付いたら永住権を取っていた。**オーストラリアへの出稼ぎは超オススメ**。**ワーキングホリデーは「30歳までに使うべき完璧な制度だ」**…等。

これらはすべてシドニーで稼ぐ**日本人の声**だ。満員電車＆低賃金で疲弊している日本の会社員には**衝撃的すぎるインタビュー動画**だ。**再現性もある**。
セカニチにだまされたと思って一度YouTubeを見てほしい。オススメはタロサックの約52分の動画だが、本気で考えている人は1ヶ所だけではなく複数ヶ所から情報を得てほしい。

上がらない給料

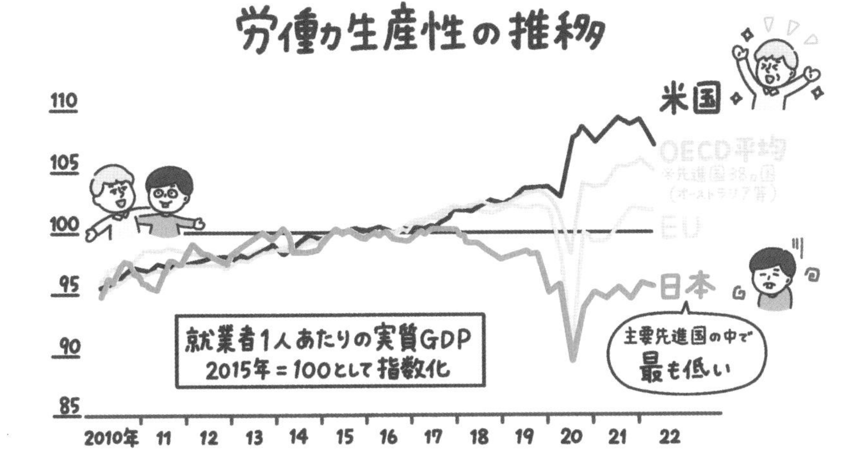

生産性が上がらない日本…
米国⟷日本で大きな差がついた。

※出典：コロナ禍の日本、気がかりな生産性停滞（日経ヴェリタス、2022年8月）

働き手が足りない

人手不足倒産

海外では働き手が不足している。特に**旅館・ホテル、飲食店**などで**現場崩壊**が目前に迫っている。アメリカなどで起きている**人手不足倒産**とは？

人手不足でお店が開けられない、営業ができない。入社ボーナスを用意しても人が来ない。時給3300円（25ドル）にしても飲食店に人が集まらない。人を集める広告費がかかる。仕事の依頼が来るのに社員がいない。家賃・光熱費・原材料費も値上がりし、従来見込んでいた利益が出せない。既存社員が身を削って働き、疲弊して消耗、退職。そして倒産へ。

この波はいずれ日本にも時差でやってくるだろう。

人手不足なのに あなたの給料は上がらない！

残念ながら、**日本の労働生産性**は先進国の中でも**ずば抜けて低い（前頁）**。労働生産性が上がらなければ、人口が減りゆく**日本のGDPが再浮上することは無い**。貿易赤字で苦しみ、人口減で苦しむ。**日本の未来はヤバい**。

日本の賃金が他の国より上がらないのはなぜ？

日本人の労働生産性＆給与が上がらない理由は？　企業の収益構造の悪化や外国との競争に負けていることが大きいが、**勤労者が全く文句を言わない**ことにも要因がある。激務・酷暑・満員電車でも命令通りに働き、現場の頑張りだと**美化する風潮が蔓延**している。我慢の文化では日本の労働生産性も上がらない。「**頑張るから相当の対価を払え**」は当たり前の考え方だ。日本には横並び文化があり、低賃金でも、休みが取りにくくても、声を上げない。

日本人は昔から命令通りの労働マシンだったのか？　**答えはNo**だ。今から**約40年前は労働者が団結**し、企業＆経営者に声を上げる**労働運動**が盛んだった。賃金のベースアップ（ベア）を訴えて、**ストライキ**を起こしていた。メーデー（英：May Day）は、5月1日に世界各地で行われる労働者の祭典だ。労働者が権利を要求する行進・集会が行われ、団結の威力を示していた（過去形）。「労働運動　歴史」で検索していただきたい。

「連合」をご存じだろうか。日本労働組合総連合会、JTUC。
レンゴーは現代の労働者（皆さま）を守るために存在する。

※ 連合は、1989年に結成された日本の労働組合のナショナル・センター（中央労働団体）。加盟組合員は約700万人。すべての働く人たちのために、雇用と暮らしを守る取り組みを進める。（出典：連合HP）
※ 連合は、旧「総評」と旧「同盟」に基づく組織だ。詳しくは「総評 同盟 連合」で検索。

1950年代、労働運動が盛り上がり、賃上げや処遇改善を求め、反戦平和を訴え、文芸活動にも力を入れていた。**組合**の存在感は抜群だった。連合の前身である「総評」の時代は毎年春にストライキで私鉄が止まっていた。電車が国鉄だった時代はノロノロ運転のストライキでベア要求していた。昔は

日本の労働運動の歴史
（メーデー・ベア・ストライキ）

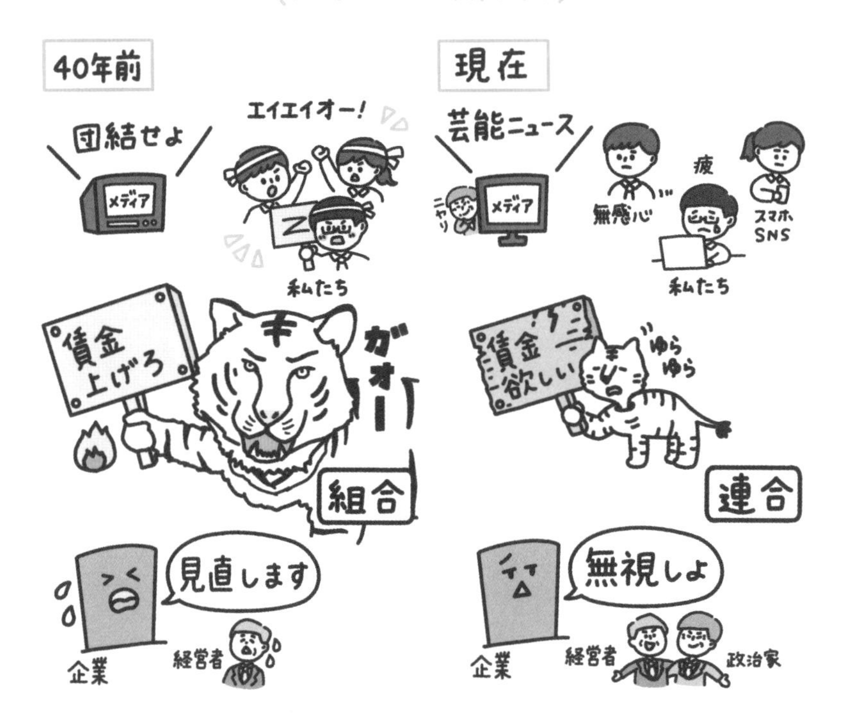

労働者を守る虎だったが、今の連合は張り子の虎か。※「太田ラッパ」で検索。

厚生労働省によれば労働組合員数は1000万人を割り、**推定組織率は過去最低**の16.5%になった。毎月勤労統計調査では前年同月比で実質賃金が3.8%減（2022年11月）。物価上昇に賃金の伸びが追いついていない。けちん坊な経営者だけでなく、すっかり弱った連合にも責任はある。

実は「連合」になってからストライキが無くなった。だから平成生まれ以降は**労働運動そのものを知らない。自分たちを守る言葉「メーデー、ベア、ストライキ」を知らない**（メディアによって知らされていないのか？）。

アメリカではスターバックスやAmazon倉庫の労働組合がデモをした。最低時給4000円を要求している。スタバやAmazonのように**日本の会社員も「賃金を上げろ」と言うべきだ**。社会の労働生産性が上がるなら、**「ストライキ」はむしろ健全な言葉だ**。半年以上も勤務先にモノ申しても賃金が変わらなければ、転職・起業をすべきだ（転職→第3章、起業→第6章）。

このままでは年金制度がヤバい

年金が減額される

年金の「**減額通知**」という恐怖のハガキをご存じだろうか。日本年金機構から「国民年金･厚生年金保険 年金額改定通知書」が届き、こう書いてある。「年金額は、賃金や物価の変動に応じて毎年度改定を行う仕組みとなっており、令和4年度の年金額は、**昨年度から0.4%の減額改定**となります。令和4年5月30日」。そして「**年金の決定に不服があるとき（審査請求）**」というページが日本年金機構のHPにある。

年金の**一方的な減額**に、国民は不服を申し立てられるのか？　よく読むと、【決定への不服申し立て制度について】に「**年金額改定の制度に対する不服は審査請求の対象となりません**」と書いてある。「**不服があっても声は聞かないよ**」という通達とも受け取れる。私たちが年金世代になったら、**一方的に減額されるリスクがある**ということだ。にもかかわらず年金世代は不満を溜めながらも、選挙では与党に投票をする。消費税も上がり続け、生活が苦しくなっても、与党が大勝する。それが日本の選挙だ。

世界的な報道機関である「BBC」は日本の選挙結果の摩訶（まか）不思議さを報道してくれている（この国は黒船でしか変わらないのか？）。

恐怖のインフレ時代、何が起こる？

物価は上がり、税負担は増え、庶民の生活が苦しくなる

NY、ロサンゼルス、パリ、ロンドンで起きているインフレが日本でもおそらく広がる（時差はあるが）。残念ながら値上がりしているのは**原材料費**であり、**あなたの給料ではない**。

消費者物価指数は40年8ヶ月ぶりの歴史的に大きな伸び率だ（東京23区、2022年12月）。変動の大きい生鮮食品を除いた指数が103.9となり、前の年と比べて「**4.0%**」上昇した。都市ガス代36.9%、電気代26.0%、食料7.5%、家庭用品11%の上昇を記録した。加えて、今後はさらに防衛費増額をまか

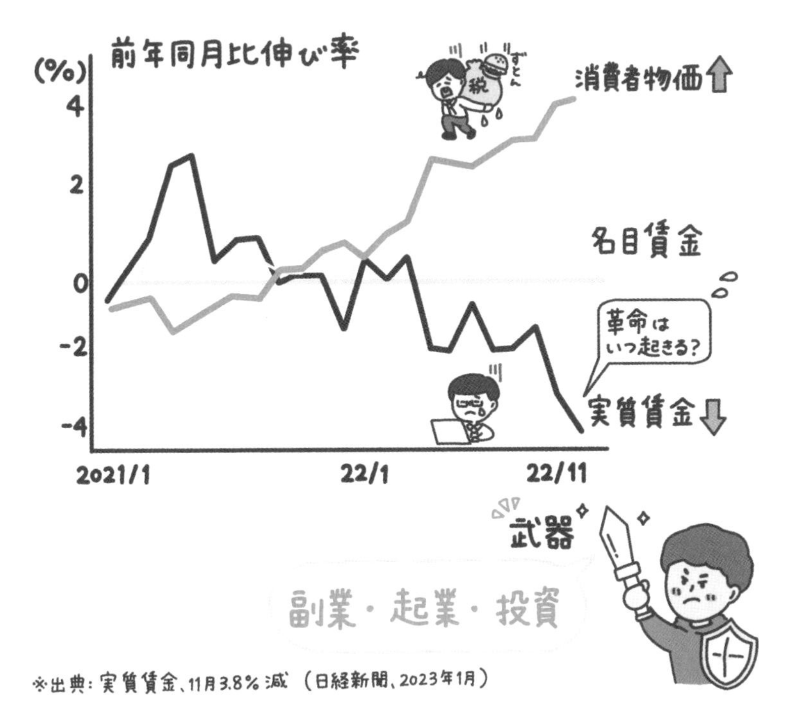

なう**増税**も見込まれるだろう。

※ 出典：実質賃金、11 月 3.8% 減（日経新聞、2023 年 1 月）

生活費（消費者物価）が上昇しているのに、賃金が横ばいだったら？

実質賃金はマイナスとなる。私たち労働者が損をしている状態だ。厚労省は「給与は増加傾向であるものの、物価の上昇に賃金が追いついていない状況が続いている」と正式に発表した（あれ、対策はスルー…？）。

日本の年金は物価と同じ比率で上昇する見込みは無い。政権与党は“自助”を国民に求めるスタンスだ。80 年前、戦時中の「欲しがりません勝つまでは」の精神は現代にも引き継がれているのか。

「みんな我慢してるんだから、あなたも我慢しろ。それでも日本人か」と言われているようだ。庶民が貧困で苦しんでも政府には関係ないようだ。

インフレの歴史（戦争の歴史）

敗戦国ではハイパーインフレが起きてきた。第一次世界大戦で敗戦したドイツでは物価が**1000億倍**となり、お金の価値が消えて物々交換になった。日本も敗戦後にインフレが起きた。**日本政府は戦費の支払いのために国債を乱発**し、増税した。戦後、食用農産物の**物価は前年の5倍**近くになり、衣類⇔食料の交換が日常となった。今後、もし戦争が起これば、その結果として日本円にも1000億倍のハイパーインフレが起きるかもしれない。戦争には反対だ。

革命はいずれ起きる。しかし問題は…

ずっと金融緩和を続けてもなかなか景気が上向かない日本では、その逆となる利上げがかなり厳しい状況だ。もし日銀が金利を上げると、国民の生活・国の財政状況も詰む（住宅ローン問題・国債の利払い問題）。財政難の解決策は「増税」しかない状況になっている。増税とは**現役世代への重り**で、私たちの人生の自由を奪う。さらに2023年、防衛費の増額によって残念ながら**今後の増税はほぼ確定**した。テレビ（メディア）は何を報じていたのか、増税路線をあなたに教えてくれたか？ **過去に戻るタイムマシンは無い**。

日本人は「今は」律儀にしたがっているが、**どこかで政府への不満が破裂すると思う**。まるで時限爆弾のようだ。それは不発弾で終わることは無い。庶民代表ヒーローの革命家が現れ、**民衆による大きな革命**が起きるかもしれない。もしそうなれば多くの血が流れるだろう（流血は避けたいが、歴史を振り返ると不可避のように思う）。

しかし問題は、**いつ革命が起きるか分からない**ことだ。人生はギャンブルではないから、外的な要因に人生をかけるのはリスクが大きすぎる。民衆による革命が起きるのは**50年後**かもしれない。年金が減額されても不服を申し立てられず、社会は良い方向に変わらず、**あなたは老後の65歳**を迎えるかもしれない。そして人生100年時代を**わずかな年金**で生きるのみか。

いつか現れるヒーローに身を委ねるのはただのギャンブルだ。自分の人生は、**今すぐに自分の手で**切り拓かねばいけない。だからセカニチは副業・起業・投資という“武器”を皆さまに配りたい。血が流れるのを防ぐために。

第2章

就職で稼ぐ。

どこで働けばいいか？

私たちはいつまで こんな働き方をするのか？

日本の労働者の実態を見ると、仕事への**強い不安、悩み、ストレス**を感じている割合は**54%以上**だ（厚生労働省、令和2年）。

さらに日本は**働く意欲の高い人**（の割合）が世界的に**ダントツで低い**。

アメリカ・カナダ→33%、東南アジア→24%、**世界平均→21%に対して、日本は驚異の「5%」**。世界に誇る不名誉なNo.1の称号だ。（※出典：GALLUP「State of the Global Workplace2022 Report」）

「このまま今の会社にいて良いのか？」と、働く会社選びに対して強く不安を感じる人も多い。日々フォロワーの皆さまのDMを見ていると、**8割以上の人が何らかのモヤモヤを抱えている**。実は私自身も**長時間労働&社畜の会社員**で、毎日強いストレスを感じていた。気持ちは痛いほど分かる。

「いつまでこんな働き方をするのか？」と、私は気付くのが遅く、**数々の失敗をした**。自分の人生の時間の使い方にすごく**後悔**している。皆さまには**同じ後悔を繰り返してほしくない**と本気で考えて本書を執筆している。

就職の挫折・失敗

何者でもなかった私

まずはセカニチ自身の**生い立ちと就職（会社員時代）**を書いておきたい。母（福島県出身）と父（熊本県出身）、**一般家庭**の三男として東京都調布市に生まれた。金融資産も知名度（フォロワー）も無く、公立の学校出身。

私は何者でもなかった。小中高時代はコンビニの買い食いは**100円ですら渋る**ほど、裕福な環境ではない（親に1円でも迷惑をかけたくなかった）。

2008年に東京理科大学の工学部・化学専攻に入学。大学3年生になると化学の道へは見切りをつけ、就職活動では**モテそうな有名大企業**を目指す。何者でもなかった私は「有名大企業に入ってスゴいと思われたい！　**年収1000万円あったら人生が変わる！**」というモチベーションがすべてだった。

今のまま老後まで働きますか？

当時、私はお金や経済の知識はゼロ。「きっと年収は高いだろう、なんとなく」というイメージで志望企業を決めた。

生涯賃金を考えたことは一度も無かった（今では後悔）。

就職活動は？　もちろん**心の底から志望**をした有名な広告代理店だ。

キラキラしたオフィス・社食、広告賞のトロフィー。大学３年生から広告業界への**憧れ**を抱いた。テレビで見る芸能人を起用した斬新な広告集を会社説明会で見ただけで胸がときめいた（恋？!）。志望する気持ちが大きすぎて、大学３年の夏インターンシップの選考（面接）に落ちたときは、２ヶ月以上も心が病んだ。専攻の「化学」と「広告」は何の関係も無く、理科大から大手広告代理店に就職する人は３年に１人しかいなかった。

何十人もの社員訪問を重ね、数え切れない苦悩を乗り越え、第一志望の代理店から内定を得た。**親のコネなし・大学の先輩なし・大学の専攻も関係な**

し…“3なし”でどう選考を突破したのか？ どんな人でも“3なし”の状態から、生涯賃金が4億円を超える**一流企業の入社は勝ち取れる**。

※ 志望企業に合格する面接テクニックは「セカニチ 面接」で検索。全て無料公開している。

これが憧れの華やかな世界？

2012年4月、私は憧れの広告業界で働きはじめる。当時は社員証のネックストラップを首からかけるだけでテンションが上がった。有名企業のロゴが入っている自分の名刺を胸に、ドヤ顔で港区を歩いた。私はミーハーで「ギョーカイ人になれば、いつもテレビで見ている某タレント、某アイドルグループ、某アナウンサー等と友達になれる！」と胸が高鳴っていた。初任配属では**自分の意思**で営業職を第一志望とし、実際に営業に現場配属された。**日本No.1の広告主**の担当となり、当時の営業局長（現：常務執行役員）から**最重要メディアであるテレビCM担当**に指名された。**金額規模もぶっちぎり1位**だ。周囲からは「花形局だ、エース部署だ」と言われ、鼻高々だった。

そこは華やかで憧れの広告の世界…**ではなかった**。実際の業務は、一日中PCとにらめっこ。テレビCM枠の効果的な買付けのシミュレーション、プランニング、各局とのハードな交渉。**広告枠**のコスト最小化&クオリティ最大化を目指す**戦闘員**だ。金額、視聴率の**数字**と格闘する日々。朝から深夜までPCのキーボードを叩く音が鳴り響く。

扱う金額は大きいが、傍（はた）から見たら**地味すぎる姿**だ。想像していた華やかなテレビCMの企画・撮影・制作担当…**ではない**。芸能人と友達になることはなく、テレビ局や雑誌社での華やかな撮影現場には縁が**なかった**。

ネックストラップ恐怖症

入社1〜3年目、**典型的な社畜**として自分の心身を全て犠牲にした社会人生活を送っていた。**金額No.1のプレッシャー、上司からの圧力、仕事のストレス、深夜までの長時間労働**ばかりで、絶望感に沈んでいた。

冷静に考えたら**テレビは365日休まず、ほぼ24時間放送される**ので心が休まることは一日たりとも無い。毎日が辛かった。“鬱（うつ）”に近かったが、変にプライドが高かったので弱音は誰にも言えなかった。

入社後のギャップ

会社員は「社員証」のストラップを首から提げるのが一般的だ。長時間労働＝自由が無い社畜人生だった私は「飼われている**犬の首輪**と同じじゃないか」と感じ、**ネックストラップ恐怖症**になった。大企業を退職して、起業＆独立してから５年以上が経つが、恐怖症は治っていない。現在のシェアオフィスでも**いまだにストラップを首から提げることができない。一生消えない恐怖心**が身体に刷り込まれた（この恐怖症を告白するのは本書が初めてだ）。

一生使えないスキル

私がいた部署では、**会社を根本から支える大きな金額**を扱うからこそ、**“映画やドラマのような派手さ”はあってはならない。日々の業務が地味で、数字だけの世界**であることも必然だ。扱う金額に比例して労働者のストレスも大きくなる。**理系＆数字が得意＆真面目＆ガッツ系が得意**だった私が選ばれた理由も今だから分かる。今でも役に立っているスキルは、交渉術、準備力、信頼関係、論理的思考、数的根拠、膨大なデータの整理＆仮説検証術、仕組み化（Excel 関数、CSV 加工、ショートカットキー）…など。

一方で、**大企業あるある**の、部署内（閉じた世界）でしか使わない**特殊な知識**が身につくが、**他部署に異動した瞬間に、積み上げた知識（資産）がゼロになるという体験もした。No.1 の金額だから特殊ルール（運用方法）になる**のは必然。その特殊ルールは他部署では**どこにも使えない**。異動した瞬間に新入社員と同じようにフリダシに戻る悲劇。（私がいた企業／部署を否定するわけではなく）どの大企業 / 部署でも**同じような悲劇は起こる**。

入社後のギャップ

実は１年目の現場配属の**初日から強烈な違和感**を持っていた。

「PC と向き合い続ける長時間労働が憧れていた世界か？　某アイドルグループの華やかな撮影現場はどこ？ この特殊なルールは何？」という違和感だ。しかし当時は「偉い人から必要とされた！　金額 No.1 の花形部署だ！」と言い聞かせて、自分の考えを押し殺していた。**無駄なプライド**が邪魔をして**入社後のギャップを誰にも言えなかった**。私は弱い人間だった。

私は入社前に社員訪問を何十人もして、仕事内容や企業文化への理解度は深い自信があった。しかしそれでも入社後のギャップに苦しんだ。社内で稼いでいる部署＝**地味な Excel（数字）との格闘**だ、とはどの社員も教えてくれなかった（現役社員ですら社内の全てを把握できないし、知らない）。

説明会では人事部も**現実を教えてくれなかった**（社員が多すぎて全部署を把握できない）。私が苦しんだのは、誰かの悪意ではなく**構造上の問題**である。

正確に言うと前職の**企業が悪いわけではない**。**対処法を知らなかった私が悪かった**。視野が狭く、俯瞰（ふかん）した目で企業を見られなかった。環境を良くする努力もしたが、行動の方向性が正しかったのか疑問だ。**自己責任**だと今は感じている。社畜の疲弊は**自分の無知識が招いた**ことだ。

※「入社後のギャップ」に苦しんでいた私を見て、同じ営業局内の別部署の女性部長であるＳさんのご好意で、１度だけ広告の撮影現場に同行させてもらった。テレビで毎日のように見ていた１人の女性タレントが美しすぎて衝撃を受け、10 年以上経った今でも鮮明に覚えている。非力な新入社員に対しても分け隔てなく接してくださったＳ部長のような存在になりたい。今でも感謝をしている。ちなみに華やかな撮影現場はそれ１度きりで、約６年の広告会社員生活で２度目を経験することは無かった。

「給料」の正体

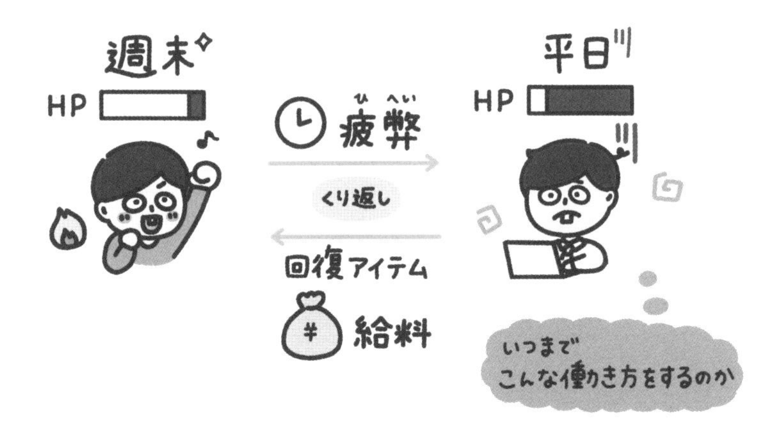

「給料」の正体

毎日届く悲痛な叫び声

会社員の皆さまの**悲痛な叫び声**（仕事の疲弊・ストレス・無力感）のDMがセカニチに何十通も来る。

しんどい働き方。やりたくもない仕事で長時間残業。年収は上がらない。好きでもないダメ上司に尽くす。偉い人へのアピールに使われて疲弊する。好きでもない相手と飲み会をする。欲しくもないブランド品を買う。私自身も週末は港区西麻布で散財し給料を使い切り、**給料日前は金欠**。はなまるうどん・かけ（大）でしのいでいた。

「給料」とは労働者の体力を回復させるコスト

給料とは何か？ どう決まるのか？ **給料は、明日も同じようにあなたを働かせ続けるために必要なコスト（お金）**だ（**労働力の再生産費**と呼ぶ)。

155年前の**マルクスの『資本論』**ですでに答えが出ている(前頁)。給料とは、ポケモンセンターのように、**労働者の体力を回復させるのに必要最低限な金額**だ。**精神衛生を守るために必要な経費**とも言う。**私の苦痛な会社員サイクル**は、まさにマルクスの資本論そのものだった。平日の仕事に疲れ、金土は最高の解放感で浮かれる。日曜夜に気分が沈み、月曜朝に嫌な気分で電車に乗って、**次の金夜を待ち焦がれる**。金土日のためだけに生きている。残業代で稼いでも、指圧マッサージや異性とのデートのためにお金を浪費。

給料を使い切って、また次の給料日を待つ。いつまでこんな働き方をするのか？　こんな人生のままで良いのか？ 肉体的にも精神的にもボロボロになりながら給料を得るのは、社会全体にとって健全なことではない。

不安は正しい。それは「知らない」からだ

私たちはいつまでこんな働き方をするのか？　と、マルクスは**庶民の味方**として声を上げてくれていた（155年前から)。**雇い主の利益のために、労働者は限界まで働かされる。しんどい労働は永遠に続く**。飼いやすいペットのままでは自分だけが損をする。レベルが上がって進化すればいいが、ほとんどの人はレベルが停滞したまま毎週のサイクルを繰り返している（私の会社員時代がそうだったように)。

皆さまが抱える**不安の感情は正しい**。**それは“知らない”からだ**。知っているだけで生涯賃金にして**3億円の格差**が生まれるかもしれない。それは**一生使える資産**となるので、**お金と働き方**の知識を正しくアップデートしておこう。

安すぎる日本

日本の会社員が苦しさを感じる**現実・原因**を知ろう。**日本の給与所得はほぼ30年上がっていない**。直近５年に絞っても日本の賃金上昇率は**主要先進**

賃金が上がらない日本

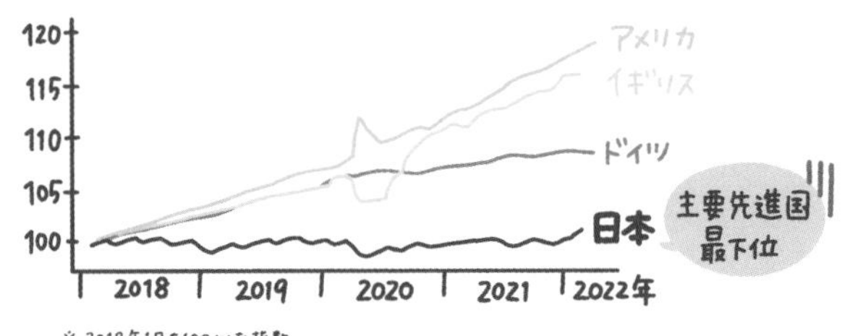

国で最下位だ（右図）。そして税金や社会保険の負担は重くなっている。

政治が30年以上も問題から逃げていたのは**ゆでガエル現象**のためだ。物価が下落するデフレが続いていったため、生活費も変わらなかったのである。国民は釜でゆでられていることに気付いていない。世界情勢の大きな変化によって、インフレとなり、その“ツケ”があらわになってしまった。

日本以外の主要先進国（アメリカ・イギリス・ドイツなど）の賃金は全て急速に上がっている。日本のGDPはまもなくドイツに抜かれ、**世界4位に転落する**（日本はドイツに比べ人口が1.5倍なのに…）。オーストラリアの資源系の有名企業では**新卒社員でも年収2000万円を超える**そうだ。

日本のエリート有名企業・3大商社でも**新卒社員の初任給は約25万円**。日本企業の初任給は長い間ほぼ変わっていない。まさに安すぎる日本だ。

日本が選ばれるのは「安い」から

日本が誇れる産業は、円安が追い風となる**観光業だ**。**観光魅力度ランキングでは日本が世界1位**であり、2位アメリカ、3位スペイン、4位フランスと続く（※出典：世界経済フォーラム 2021）。

世界中の訪日外国人は日本の物価の安さに驚く。「同じ食事をNYで食べたら3倍以上する！ 東京都心のホテルがたった80ドルって寝てる間に誰かに襲われるの？」と外国人が不安になるほど**日本は安い**。**日本の食事は世界に誇れるほど美味しく、街・駅・電車・治安・清潔さ、すべてが最高だ**。世界のお金持ちも**日本を絶賛する**。“消費者”の立場での日本の暮らしは最高だ。

これらはすべて“安いから”という前提がある。まるでバーゲンセールのように物価と通貨のダブル安だ。**もし日本の滞在費が5倍に上がったら**、10時間以上のフライトをかけてまで日本が選ばれるだろうか。物価が5倍になっても日本独自で得られる体験は…秋葉原でのアニメ・ゲーム・グッズだろうか。残念ながら美しい桜はたった2週間で散ってしまう。やはり欧米人が観光地として日本を選ぶ理由は「**安いから**」だ。

私たち日本人が暮らしている中でも「安い」はお得に聞こえる。しかし本当に良いことだろうか？「セール」「割引」「お得」という言葉に釣られるのが人間の本能だ。私も“閉店間際”のスーパーの赤い値引シールに目が行ってしまう。しかし**安い文化が浸透すると値引シールは私たちの給料袋にも貼られてしまう**。私たちがスーパーで「安いから」と言い放った言葉は、ブーメランとなって自分に突き刺さる。

巨大なグローバル企業が**日本に工場＆データセンターを新設**していく(2023年以降)。日本人の賃金安の結果、Googleは初めて日本にデータセンター構築のため1000億円の投資を決めた。Googleにとっては賃金安&円安で「日本に30%の値引シールが貼られている」のが大きな決め手だったのだろう。日本の政権与党は自分たちの手柄のように「世界的な有名企業から雇用を創出！」とメディアにアピールをするが…続きはお察しの通りだ。

30年以上も日本の通貨価値を守ってきた先人たちに現在の状況を見せたら泣き崩れるのではないか。**通貨価値が安くなることは国にとって望ましい**

儲かり企業のボーナスは？

※日経新聞の調査に協力した企業に限る

	企業名	22年夏	+22年冬	=年間（ボーナス）	年齢	業種
1	ディスコ	366万円	316万円	682万円	39	機械
2	東京エレクトロン	290万円	285万円	575万円	42	エレクトロニクス
3	ショーボンドホールディングス	367万円	156万円	523万円	ー	住宅・建設・不動産
4	スター精密	176万円	196万円	366万円	41	機械
5	MARUWA	162万円	162万円	324万円	ー	エレクトロニクス
6	東京エレクトロンデバイス	143万円	169万円	312万円	44	エレクトロニクス
7	たけびし	145万円	155万円	300万円	40	エレクトロニクス
8	太陽ホールディングス	144万円	153万円	297万円	41	素材・エネルギー
9	E・Jホールディングス	154万円	130万円	284万円	42	住宅・建設・不動産
10	オリンパス	139万円	142万円	281万円	39	機械

※対象企業は上場企業と（日経新聞が選んだ）有力な非上場企業。合計2391社。回答622社。
※出典：日経ビジュアルデータ「ボーナス調査」

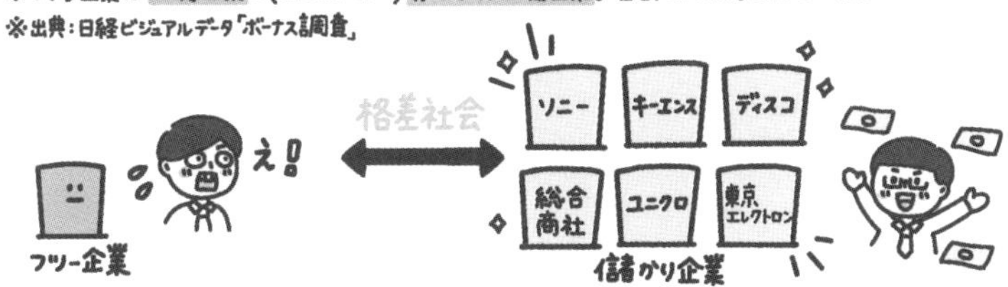

ことではない。「安いから」は非常にまずい状況だ。私たちの生涯賃金に赤い値引シールが貼られてしまう前に**働き方をアップデート**しよう。

“閉店間際”になってからでは遅い。

夏のボーナスが「540万円」もらえる会社選びの極意

儲かり企業のボーナスはいくら？

「**日本の未来がヤバい！**」とここまで警鐘を鳴らしてきたが、一方で**今でも儲かっている企業が実は日本にはたくさんある**。

例えば**夏のボーナス**（2022年）を見てみよう（前頁）。なんと**過去最高**だ。全産業の平均支給額は**前年比10.5%増の85万円**となり、3年ぶりに過去最高を更新した。半導体製造装置の**ディスコは366万円**（30%増）。**東京エレクトロンは290万円**。不動産・住宅は15%増と業種別でも全体で4番目の伸び率だった。皆さまの夏のボーナスは過去最高だっただろうか？

「**ボーナス調査 日経**」と検索すると、2015年から現在の夏・冬それぞれのボーナスの**企業ランキング**が出てきて興味深い。上位10社の夏冬を合計すると額が大きすぎて目が飛び出る。日経ビジュアルデータをぜひ一度ご覧いただきたい。

※ 注：総合商社・コンサル・海運・製薬などはランキングに入っていない。回答があった企業のみ、という前提をお忘れなく。

総合商社のボーナスは900万円？！

セカニチのフォロワーの**現役「総合商社」社員**にインタビュー調査をした。入社5年目の商社マンは…なんと**夏のボーナスで「540万円」**（額面）だ。

6月30日に、たった1日で銀行口座に振り込まれる。もちろん夏とは別に、**冬のボーナス**もある。

現役社員にインタビューをすると、**10年目の若手商社マンで、夏ボーナス「450万円」・冬ボーナス「450万円」**（額面）がいた。驚くべきことに**非駐在**で都心に暮らしている社員だ。夏冬ボーナスだけで「年900万円」。

もはや皆さまの年収を超えているのではないだろうか。私たちの知らないところで、**日本国内・日本人同士でも格差は広がっている**。ちなみに私の場合、入社2年目（2013年）の夏のボーナスは40万円だった。

優良企業の見つけ方

これから紹介する**【4種の神器で企業名検索】**と**【売買代金ランキング】**を使いこなしてほしい。優良企業を見つけるヒントになる。

日本国内でも儲かっている会社はたくさんあるという現実を私たちは知るべきだ。例えば**円安（為替）は、総合商社・半導体・世界的に売れているメーカーなどには恩恵**があり、過去最大のボーナスを得られている。

優良企業に入社して持株会に入ろう!!

① 奨励金がもらえる！

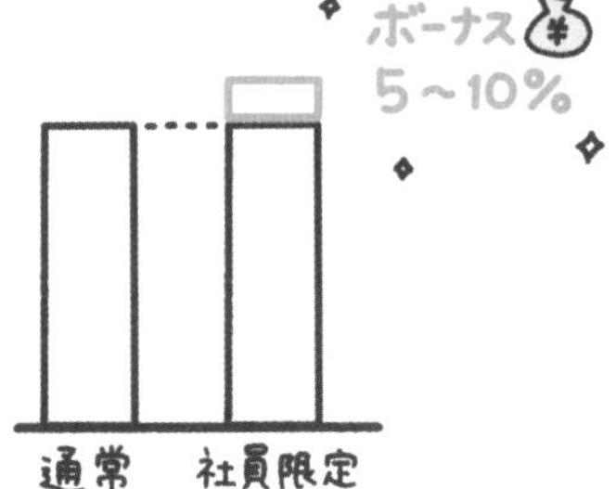

② 少額から買える

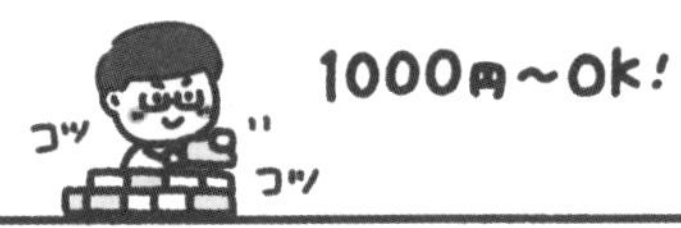

③ ドルコスト平均法

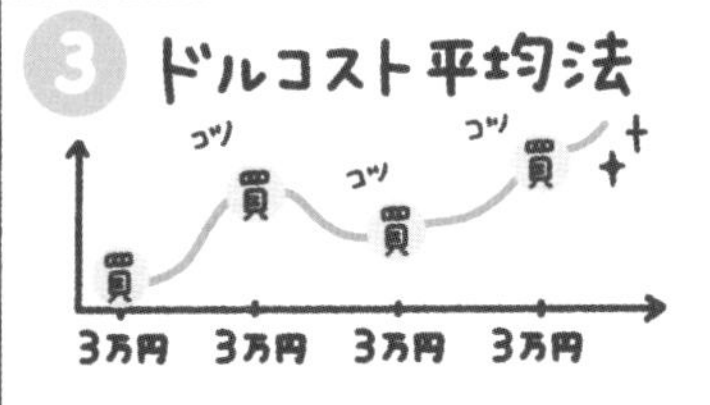

優良企業を探す方法を**超・具体的**にお伝えしよう。「就活前・高校生の時に知っていたら…（大学／学部選びにも活かせたのに…）」「自分の親が知っていれば…」と、タラレバで後悔する人が多いが、**今からでも遅くない**。

もし自分の子どもが大切なら、**知っている側の親**になれば良い。

「優良企業に入り、持株会を続ける」が最強

効率的な働き方で高い給料を得られる優良企業を見つけることがまず最重要だ。お金と働き方をアップデートしよう。ここからは優良企業を見つけるための「2つの方法」と「4種の神器」をインプットしていこう。

結論から言おう。人生の不安をなくす方法は3つ。

「優良企業を見つける」「入社の選考を突破する」「持株会に入る」。

自分の人生を守るための王道は、優良企業に入って、持株会をコツコツと続けることだ（前頁）。

なぜ持株会に入るべきか？ **3つの最強ポイント**がある。

①奨励金がもらえる：社員限定で**お得なボーナス**がもらえる（平均5～10％）。セカニチの前職は10％の奨励金だ（3万円出すと毎月3000円のキャッシュバックで、**実質的な10％の割引**となる）。社員が株を持つと、「長く働きたい」「業績を上げたい」という健全なモチベーションになる。安定的な株主になるので会社も嬉しい。つまり**会社・社員の両者にメリット**がある。日本の有名大企業を観察すると奨励金は10％前後が多い。一部では20～30％もあった。

②少額から買える：一般人が**ユニクロ**（ファーストリテイリング）の株を買おうとすると最低単元（100株）でも**約250万円**が必要になる。しかし**社員だけは少額（1000円）から買える**（ミニ株は手数料で損するので推奨しない）。

③ドルコスト平均法：**一定金額を機械的にコツコツと買い続けられる**。最強の“ドルコスト平均法”で株を買える（詳細は第5章）。

投資の必勝法は「応援したい企業」を買うことだ。そして20年以上持ち続ける。**お金の正体は人間の課題や悩みを解決した報酬**だ。

人々が困っていることを助けた「ありがとうの総量」が多い企業が、最終的に莫大なお金を手にする。

なぜ長期が大事なのか？　短期的には株価が落ちることもある（コロナショック等）。しかし世の中を幸せにしている企業であれば、20～30年の長期的な視点で見ると株価は上がっていくだろう。

長い目で見れば世界はインフレの歴史だ。だから優良企業をコツコツと機械的に買えば長期的な視点で勝てるのだ。［セカ本① P.66参照］

優良企業を知る2つの方法

① 株価を見る

期間 ◎10年以上

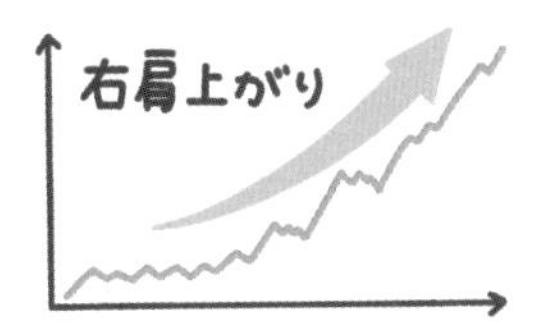

② 売買代金ランキングTOP150を見る

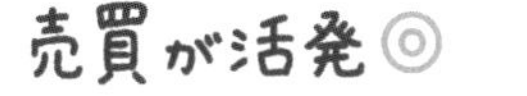

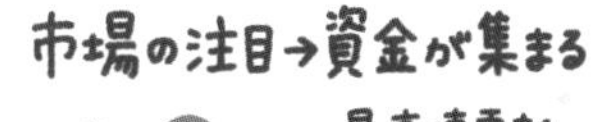

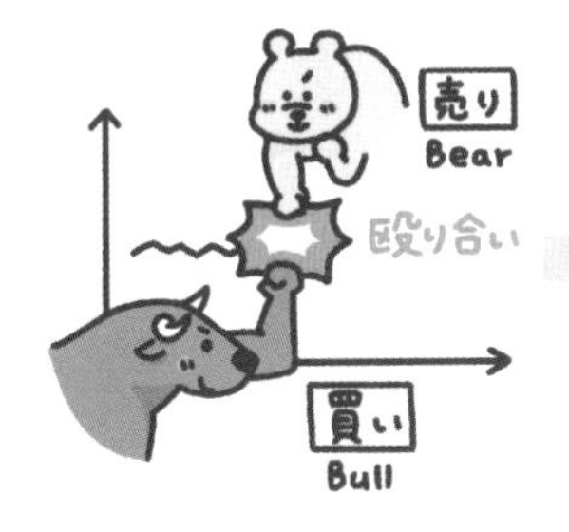

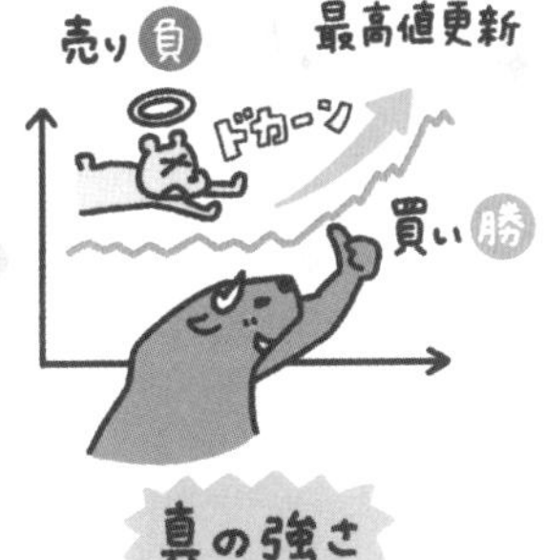

優良企業を見つける２つの方法

①株価が10年以上で右肩上がり

株価を見る期間は、なぜ**10年以上**必要か？ セカニチの株投資の経験（10年以上）によって導かれた。3年では短すぎる、5年では信用できない。**勤務先を選ぶ**視点の場合は20年や30年は長すぎる。ものすごく検討した結果、10年という区切りがピッタリだという結論に行き着いた。**10年強い企業は本物の強さを持っている。**普通の企業が吹き飛んでしまう暴風雨（=○○ショック）でもビクともしない。

②売買代金ランキングTOP150

売買代金が多い＝**市場の注目が集まっている**。売りと買いの殴り合いの末に**株価が上がっている企業**は、**本物の強さがある「優良企業」**だ。

逆に売買代金が少ないのに株価が上がっている企業は1人の投資家（ファンド）が吊り上げているだけのハリボテだ。もしあなたが飛びついたらすぐに暴落し、地面に叩きつけられるかもしれない。「すぐ上がる株は、すぐ下がる」が投資の本質だ。

しかし、売買代金ランキングTOP150でハリボテは排除できる。

売買が活発な中で株価が上がると、さらに資金が集まる。実は“資金調達コスト”という考え方があり、数億円の融資では2～3%の利子がかかる。株価が強く上がって資金調達ができれば、**利子（数千万円）のコストがゼロ**になって**経営には有利な追い風**となる。

※ 繰り返すが株式投資の場合は20年以上の長期投資を心がけてほしい。

※【重要】再現性のある方法は、株価が公開されている「上場企業」に限る。

※ 残念ながら非上場・ベンチャー企業は不確定要素が多すぎて再現性は無い。創業者、経営陣の人間性によって大きく左右される。正攻法・攻略法を論じることはできないが、10年以上の筆者の経験から、非上場・ベンチャー企業でも役に立つ会社選びのポイントも挙げた（P.74）。

「4種の神器」で資産も給料も右肩上がり

誰でも優良企業を探し出せる、最強の**無料サービス**を紹介しよう！　ぜひ覚えていただきたい。PC・スマホどちらの画面を見てもOKだ。

① Yahoo! ファイナンス

「売買代金ランキング」で検索（**Yahoo! ファイナンス・日経電子版**、どちらでも良い）。まずは上位150社を見ていただきたい（P.63参照）。特に注目すべきは**「知らない企業名」**であり、実は**隠れた優良企業と出会えるチャンス**だ。

優良企業に出会う4種の神器

無料サービス	ポイント
Yahoo!ファイナンス	✓売買代金ランキング Y! 「企業名」→「チャート」→「10年」 日経 「企業名」→「10年」
日経電子版	✓10年来高値 日経 「企業名」→「10年」
Investing.com	✓期間をカスタマイズできる 「Investing（企業名）」で検索→期間「5年」「最大」
Slickcharts	✓構成率（S&P500、Nasdaq） 「上位の企業名」を見る

「企業名」をクリック▷「株価」▷「チャート」▷「10年」をクリック。
直近10年で右肩上がりか？　をチェック。

日本株と同様に、**世界最大のアメリカ株**も知ることができる。
「アメリカ株 売買代金」で検索。
「企業名」をクリック▷「チャート」▷「10年」をクリック。

※「前日比」が±15%を超えている異常値はだいたい右肩下がりの極小企業なので無視してOK。

②日経電子版

「10年来高値」で検索。
「企業名」をクリック▷「チャート」▷「10年」をクリック。

※ 注：「日経業種」が「その他金融」は注意。ETFなどの金融商品を指し、企業名ではない場合が多い。

例えば皆さまご存じ「**味の素**」。実は直近で**10年来高値を更新**している。10年来高値を更新している企業＝好業績でボーナス等の報酬が高い。

「味の素 ボーナス」で検索すると、ポジティブな内容が多数出てくる。実は味の素は**半導体の絶縁体フィルム**も作っており、今後の需要増加→業績アップが見込まれている。

私は新卒時の就活で味の素にもエントリーシートを出していたが、当時と現在では全く違う勢いだ。

③ Investing.com

「もっと深く分析したい！　○年○月の決算のときは？」という方は、10年だけではなく期間をカスタマイズする無料ツールがある。

「Investing（企業名）」で検索。

例えば「Investing ソニー」で検索▷チャートの上にある「**1M**」▷チャートの下にある「5年」or「最大」をクリック。

ソニーは2000年ごろに暴落した歴史もあるので、表示期間をカスタマイズしながら歴史を追うことができる。

④ Slickcharts

世界トップ企業を知るには？ 最大の注目が集まる「S&P500」「Nasdaq100」の**構成率**を見てみよう。**「Slickcharts S&P500」で検索。Weight ＝ 構成率**を表している。上位の企業をバーッと見て、知らない企業と出会おう。

「**企業名**」をクリック▷「**D**」をクリック▷「**1 month**」に変更。

例えば「**Johnson & Johnson**」を見ると…キレイな右肩上がりだ。Johnson & Johnsonはガンの薬が好調だ（値段が高すぎる問題もあるが…）。

以上が**優良企業を見つける2つの方法と4種の神器**だ。PC・スマホに**ブックマーク（お気に入り）登録を**オススメしたい。

正しい知識を身に付けて、人生の不安を無くそう。

知らない企業と出会う方法

（とある日の…）
①売買代金ランキング

順位	名称
1	レーザーテック
2	ソニーグループ
3	(NEXT FUNDS)日経平均レバレッジ上場投資
4	三菱UFJフィナンシャル・グループ
5	川崎汽船
6	日本郵船
7	三井住友フィナンシャルグループ
8	東京エレクトロン
9	ファーストリテイリング
10	ソフトバンクグループ
11	キーエンス
12	丸紅

※引用：Yahoo!ファイナンス

②株価チャート（10年）

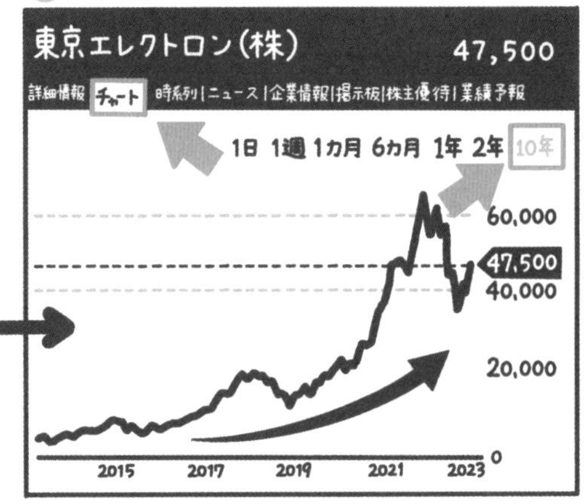

・売買代金が上位
・株価が10年強い

決算資料？　IR？
なにそれ美味しいの？

決算（直近2年）＆株価（直近10年以上）を見る

「**就活では決算資料・IRを見るべきだ**」と、大学3年生のセカニチは社会人から言われた。しかしダメ学生だった私はめんどくさがって企業HPのトップページすらまともに見なかった。**有名か・モテそうか・就職難易度ランキング上位か**が大きな軸になっていた。

自分の勤務先の株価（時価総額）を見たことはあるだろうか？「株価なんて生活に関係ない、毎月の給料のほうが大切、めんどくさい」「学校で習わなかった」と思う会社員も多いが、スマホの検索は数秒で終わる。実は株価・時価総額を知ることは、**あなたの人生を大きく左右する「会社選び」に必須だ**。

時間は有限だ。だから決算を見るべき企業を**"絞る"**。決算/IRの見るべきポイントを知らず、難しいから続かない。その結果後回しになりがちだが、もったいない！

要はシンプルに、**直近10年で株価が右肩上がりか**どうか。**直近10年で右肩下がりの企業なら決算やIRの資料は見る必要が無い**。企業を絞るには「4種の神器」を参考に（P.60参照）。

「（企業名）株価」と検索→期間をMAXに。誰でも無料で見られる。

初めての人でも**業績チェックが3分以内で終わる方法**を伝授しよう。

「（企業名）決算短信」で検索 → 最初は第◯四半期は無視してOK、**年度をクリック → 直近と前年の決算短信（PDF）を開く**。

私が最初にチェックするのは**2ケ所**だけだ。**①最も左にある売上高（＝企業の勢い）、②最も右にある純利益（＝最終的な儲け・株価の上下を決める）**。

単純にその2つが伸びているか。これだけで1歩目としては十分だ。細かい数字は気にしなくてOK。応援したい企業・絶好調企業ならその勢いで決算説明資料（プレゼン資料）もサッと見てほしい。プレゼン資料から気迫を感じるだけでOK。

だまされたと思ってシンプルにクリックしてほしい。効率化は重要だ。

※ ワンストップで効率的な企業分析ができる無料のツール「バフェット・コード」を紹介しよう。直近10年の売上高・利益の推移を棒グラフで示してくれる。例えば「ソニーG」で検索すると、売上高も利益も右肩上がりに伸びていることが瞬時に分かる。もちろん全て無料。私たちは恵まれた時代に生まれたのだ。

なぜ株価を見るのか？→「心身のSustainable」

学生時代、私は決算チェックをサボっていた一方で、モテたいから**年収ランキング**だけは見ていた。しかし高年収が**持続可能（Sustainable）**か？という視点は無かった。

現時点で年収上位でも、直近5～10年で株価が下落気味なら高年収は持続可能ではない。即死ではなく**ジワジワと絞められるように年収を下げられる**。高年収だとしても**給料の正体がほぼ残業代（ブラック労働）で心身を壊してしまったら、持続可能ではない**。

就職＝「時間」の投資先

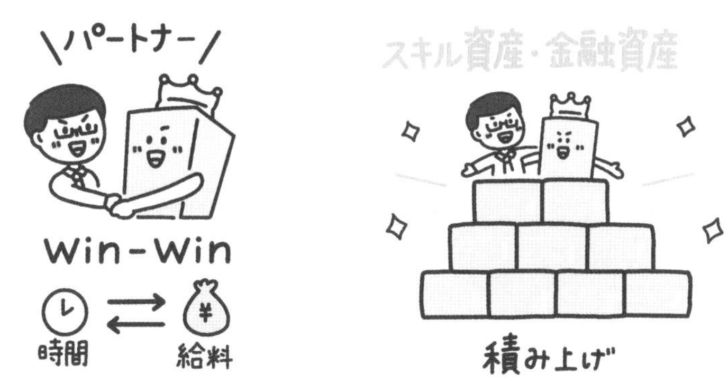

近年ではSDGsが叫ばれているが、あなたの心身も社会の一部である。壊してはいけない。自分の身を守るために株価・決算・会計を知ろう。

※ 決算書＆会計を詳しく知りたい人は「大手町のランダムウォーカー」をAmazonで検索。まずは『会計クイズを解くだけで財務３表がわかる 世界一楽しい決算書の読み方』（KADOKAWA）をご覧ください。会計本で歴代最大のヒット中。フルカラーで超オススメだ。

就職とは「時間」の投資先である

あなたが人生のパートナーに求めるものは何か？

株式投資も就職も、結婚＆恋愛に近い。一生を共に過ごす・応援したいパートナーを探す。長い時間をかけて、お互いが幸せになれるか。もしお互いの尊敬（リスペクト）が消えたら関係は崩壊する。

私たちが持っている一番大きな資産は**時間**であり、就職＝**時間の投資先**を決めることだ。

もし時間の投資先をミスすると、ブラック労働・ノルマ押し付け・ストレスフルな環境・安月給という悲劇が起きる。

ホワイトの代表例は、右図の通り世界No.1の時価総額のApple。ホワイト文化・多くの有休がある・残業も無しで月給約46万円だ。(P.23参照)

繰り返すが、**お金（利益）の正体とは、社会を幸福にした価値を数値化したもの**だ 。そして利益（幸福度）が株価に表れる。

結婚＝**人生のパートナー選び**だ。

時間を共に過ごすならリスペクトがあり、その人を**応援**できるかが重要。パートナーが生み出すもので社会全体の幸福度が増えていれば**応援の感情**を抱く。就職した会社が生み出す製品・サービスによって、ユーザー（顧客・社会全体）が**幸福**になっているか。

トヨタ自動車、ソニー、ユニクロ、任天堂など、日本では多くの企業が上場している。しかし時には世界中の株価が暴落して、(その会社自体は良いことをしていても）株価が落ちることがある。

株価が落ちた時こそ応援の感情が最も大切だ。例えば任天堂のポケモンが好きなら、短期的に株価が30％落ちたとしても「応援したい！」と持ち続けることができる。そして株式投資は長期であるほど成功の確率は高まる(歴史が証明済み)。

就職＝**人生のパートナー選び**だ。

お互いにメリットがあって、労働者のスキル資産・金融資産が積み上がっていくことが理想だ。

皆さまが最愛のパートナーと巡り会えることを祈る。

「世界」時価総額ランキング

1989年（平成元年）

順位	企業名
1	NTT
2	日本興業銀行
3	住友銀行
4	富士銀行
5	第一勧業銀行
6	IBM
7	三菱銀行
8	エクソン
9	東京電力
10	ロイヤルダッチ・シェル
11	トヨタ自動車
12	GE
13	三和銀行
14	野村證券
15	新日本製鐵
16	AT&T
17	日立製作所
18	松下電器産業
19	フィリップ・モリス
20	東芝
21	関西電力
22	日本長期信用銀行
23	東海銀行
24	三井銀行
25	メルク

2022年（令和4年）

順位	企業名
1	アップル
2	サウジアラムコ
3	マイクロソフト
4	アルファベット
5	アマゾン・ドット・コム
6	バークシャー・ハサウェイ
7	ユナイテッドヘルス・グループ
8	ジョンソン&ジョンソン
9	エクソンモービル
10	騰訊控股（Tencent）
11	JPモルガン・チェース
12	ビザ
13	テスラ
14	ウォルマート
15	台湾積体電路製造（TSMC）
16	LVMHモエ・ヘネシー・ルイ・ヴィトン
17	エヌビディア
18	P&G
19	イーライリリー
20	シェブロン
21	マスターカード
22	ホーム・デポ
23	メタ・プラットフォームズ
24	ネスレ
25	貴州茅台酒

「死にかけているブランド」の見極め方

東証プライムは玉石混交

日本企業を調べると**“東証プライム”（旧東証一部）**を知る。東京証券取引所が「日本を代表する企業だ」と選んだ証（ハンコ）の最上位がプライム（のはず）だ。就活・転活でも、会社説明会でプライムとドヤ顔で出される。

しかし**そのハンコに価値はあるのか？**　あるとき学生さんから「東証プライムの企業から内定をもらいました！　やったー！」とDMが来た。結論、**プライム＝すべて良い企業と判断するのはNG**。プライムの中にも**良い企業**

と悪い企業が混ざっている。玉石混交（ぎょくせきこんこう）。ハリボテでしかない。

価値の無いハンコで安心するのではなく、株価（決算）に注視すべきだ。恋愛でも、悪い相手にだまされたら自分が損をする。

※ 東証プライムの問題点は［セカ本① P.46 参照］

昔の人気就職先：銀行&メーカー しかし今は…

就職先を選ぶ上で、**親が喜ぶ企業**にしたいという学生も多い。親世代には**30 年以上前の価値観**が残っている。

かつてのエリートはどんな進路選択をしていたのか。歴史を見ると**34 年前のエリート学生（東大・京大・早慶）が選んだ企業はダントツで「銀行」**だった（文理を問わず）。ランキング上位のほとんどを銀行が占めている。1 位：NTT、2 位：第一勧業銀行、3 位：日本興業銀行、4 位：三菱銀行、5 位：日本長期信用銀行。

※ 出典：【ランキング】平成元年から東大、京大、早慶の就職先トップ 30 はどう変わったか（AERAdot. 朝日新聞デジタル、2018 年 2 月）

かつては**銀行＝エリートを象徴していた**。

なぜか？　その理由は当時の**世界の時価総額ランキング**（前頁）を見たら一目瞭然だろう。これは日本のみではなく、“世界”のランキングだ。

日本の銀行が崩壊した理由は金利・為替・不動産など複数の要因があって長くなる。本書ではスペースの都合上省略するが、詳しくは「銀行　バブル崩壊」で検索してみてほしい。

現在の世界 No.1 の時価総額は、前述のとおり Apple だ。そして Microsoft、Google、Amazon が続く TOP4 だ（サウジアラムコは王族が関係しているので除く）。

世界の上位だったはずの日本企業（主に金融）がほとんど消え、世界のランキング 100 位以内に食い込んでいるのは 51 位のトヨタ自動車のみ。

では 34 年前のエリート層が銀行を選んでいたなら、一般層はどうだったか？ **四年制大学の就職人気ランキング**を見よう。ダイヤモンド就職先人気企業ランキング調査は、1978 年にスタートし、2020 年調査で 43 年目を迎えた（右図）。

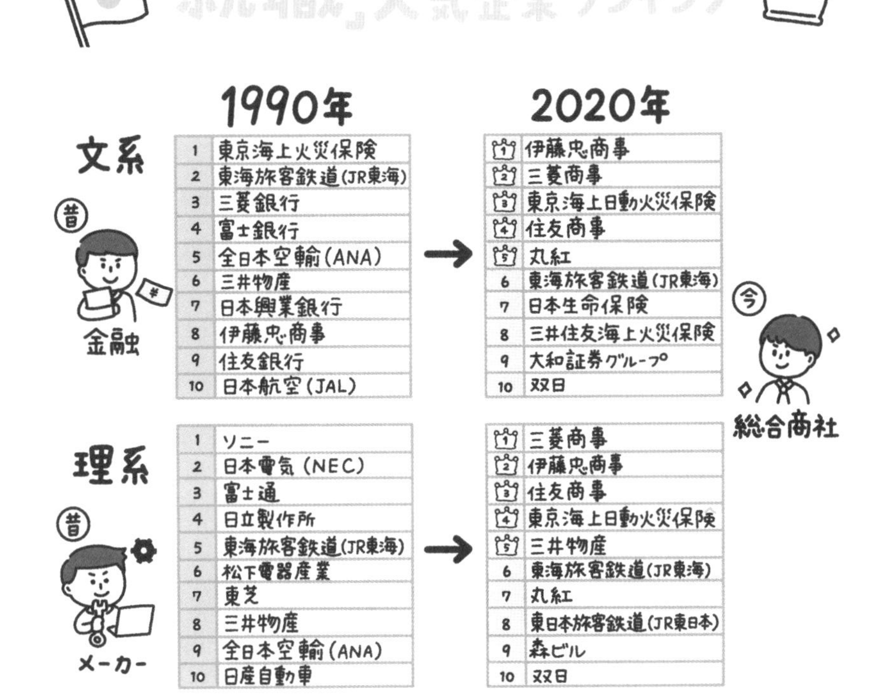

文系

順位	1990年	2020年
1	東京海上火災保険	伊藤忠商事
2	東海旅客鉄道（JR東海）	三菱商事
3	三菱銀行	東京海上日動火災保険
4	富士銀行	住友商事
5	全日本空輸（ANA）	丸紅
6	三井物産	東海旅客鉄道（JR東海）
7	日本興業銀行	日本生命保険
8	伊藤忠商事	三井住友海上火災保険
9	住友銀行	大和証券グループ
10	日本航空（JAL）	双日

理系

順位	1990年	2020年
1	ソニー	三菱商事
2	日本電気（NEC）	伊藤忠商事
3	富士通	住友商事
4	日立製作所	東京海上日動火災保険
5	東海旅客鉄道（JR東海）	三井物産
6	松下電器産業	東海旅客鉄道（JR東海）
7	東芝	丸紅
8	三井物産	東日本旅客鉄道（JR東日本）
9	全日本空輸（ANA）	森ビル
10	日産自動車	双日

※出典：ダイヤモンド就職先人気企業ランキング［完全版］、学生の憧れは40年でどう変わった？

特筆すべきは**理系**だ。人気の就職先から**日本の伝統的なメーカーの名前が消えた**。34年前はNEC、富士通、日立製作所、松下電器産業（現：パナソニック）、東芝、日産自動車など、ほぼメーカーが占めていたが、**現在もランキングに残っている日本メーカーは1社も無い。10年働いても給料が大幅に上昇しないことが学生たちにバレてしまったのだろう**。50代で高い年収をもらえるとしても、今から**30年も耐えるのは長過ぎる**。

一方で文理問わず、**総合商社・ディベロッパーの人気が著しい**。

有名企業の現役社員（顔無し・匿名）にインタビューするYouTubeチャンネルが増えている。リアルな年収・ボーナス・働き方が赤裸々に公開されているので私も参考になる。

インターネットの発達によって、**文理の差が無くなっている**。年収が低い企業は淘汰され、良い働き方＆高い年収に人が集まることが**資本主義社会の本質**だ。

今イケてる業界は今後もイケているのか？

キラキラのオフィス＆高層ビルの眺めの魅力で入社を決める学生がいる。

しかし改めて**持続性**を問いたい。豪華なオフィスは**釣り**でしかない。**オフィスという広告でマーケティングされているだけ**だ。

安い人件費で働いてくれる無知な若者を集めれば企業側は儲かる。私もそうだったが、知識が無いと、今イケてる業界＆企業を「オフィスのキラキラ度合い」で判断しがちだ。しかしハリボテも多く、失敗する。

「うちは頑張ったら高年収！　一緒に頑張ろう！」と人事の言葉を信じて入社したら？ 結局は**無茶なノルマ**を押し付けられて、狂ったように営業をさせられて病んで辞めていく人も多い。この情報を聞いてピンときたブラック企業があればぜひセカニチにDMをいただきたい。

やはり**株価が右肩上がりかどうか**を見なければ、**高年収は持続可能（Sustainable）ではない**。

企業は「変化する生き物」

「今イケてる業界」の代名詞は、**IT・SNS・ゲーム・DX・SaaS**系。

しかし、今イケてる企業＆サービスでも、残念ながらすべては諸行無常だ。いつか終わりがくる。

例えばスマホゲーム「探検ドリランド」（GREE）は私の学生時代（2011年ごろ）はテレビCMが毎日のように流れていた。仲間と共闘してボスと戦うソーシャル×ゲームという分野を開拓し、ソシャゲの最先端を行っていた。しかし現代でドリランドを知っている人はほぼいないだろう。ちなみにGREEの最新の決算資料を見ても「ドリランド」の文字は1つも無かった。社会現象にもなった「パズドラ（パズル＆ドラゴンズ）」（ガンホー・オンライン・エンターテイメント）も継続しているのは熱狂的ファンだけだ。

つまり、**いま流行っているスマホアプリも5～10年後には誰も話題にしなくなるかもしれない**。私たちが毎日開いているあのタテ動画SNSも、あのゲームも、いずれ**みんな使わなくなって忘れるかもしれない**。

ミクシィは大きく変化した。SNS「mixi」で一世を風靡（ふうび）したが、Facebookの日本上陸＆台頭によりユーザーは激減。私は中高生の時毎日ログインしていたが今はID/PWが分からない。そしてそのFacebookですら若者の間では今は壊滅状態だ。ミクシィはSNSの衰退後に結果的にモンスト（モンスターストライク＝スマホゲーム）で大復活を遂げ、B.LEAGUE（日本のプロバスケリーグ）の「千葉ジェッツふなばし」を人気No.1にさせて経営に成功している。子育て家庭が毎日使っている「家族アルバム みてね」もmixiのサービスであり、ユーザーの家族は毎日のようにログインして孫の顔を見ている。

このように、企業は**常に変化する生き物**だ。いまチカラを入れている事業が続くとは限らない。5年後に全く違うことをしているかもしれない。

諸行無常はスマホ・インターネットだけの話ではなく、不動産・半導体・アパレル・エネルギーなど**全ての業界に当てはまる**。繰り返すが、本質的に強い企業を選ぶには株価チャートを10年以上の長期で見るしかない。

「公務員」の見極め：ツラい現実に涙

#ブラック公務員　の悲鳴

「**#ブラック公務員**」というハッシュタグがある。**全国の公務員から悲鳴**が上がっているのだ。例えば日本最高峰のエリート（だったはず）の**官僚・総合職（旧国家公務員一種）は、志願者が激減**しており、**10年で約半分**だ。配属後1週間で「入る組織を間違えた」という声が上がる。

国家公務員の現場では**ブラック労働**が蔓延（まんえん）している。特に国会の会期中は各省庁（財務省など）の総合職職員は身を削って説明資料を準備している（国会議員が普段からサボっているだけでは？）。20代の3割が過労死ラインの残業。深夜まで省庁に明かりが付き、24時過ぎのタクシー乗り場には行列ができる。心身をすり減らして働いても、**ボーナスが下げられる**。

若者の「官僚離れ」に歯止めがかからなくて当然だ。モチベーションを失い、**国を支える優秀な人材が離れるのは、私たち国民の損失**だ。しかしテレビは国民に教えてくれない。

すべては**政治の責任**だ。政治家が公務員を叩くのは、多くの国民が「あいつらの給料は俺たちの税金だ」と思っているから。**国民の不満をそらすために公務員が使われている…**。

2022年6月30日に支給された国家公務員の**ボーナスの「減少幅」は、額・率ともに平成以降で最大**となった（ただし管理職を除く平均34歳）。

では管理職のボーナスは？　ブラックボックスにしている時点で不誠実だ。**日本株式会社を人生のパートナーにすべきだろうか？**

現在は**「国会議員＞官僚」という主従関係**がある。本来であれば国会議員と官僚は上下関係ではなく、**対等なパートナー関係であるべき**。しかし官僚の**上司は権力（国会議員）にペコペコして忖度**（そんたく）をする。部下が幻滅するのは当然だ。**首相官邸に裁量権を奪われ**、人事権を握られて脅される。国の未来のためにという志をもっていたのに萎縮する。国会議員のメンツを守るために若手官僚が使い捨てられてしまう。

なぜこんな状況になったのか？　いったい誰が人事院を創設して、**官邸主導**に変えたのか。真犯人は誰か。「官邸主導 弊害」で検索していただきたい。

#教師のバトン の叫び

小中高の公立教員は**長時間勤務・ブラック労働**の代名詞になっている。

「#教師のバトン」をご存じだろうか？　現役の教師から**教員の労働の過酷さ**を訴える悲痛な叫び声が寄せられた。**部活動・理不尽な保護者対応・学校行事・書類作成・膨大な仕事量に対して給料は低い・GWや年末年始もほぼ休めない**…など。現状の公立学校の現場はやりがい搾取だ。

公立小学校の教員採用試験の倍率は**3年連続で過去最低**。定員割れも現実的だ。志望者が激減し、教員の質を保てなくなる。「もう限界」「未来を担う子どもにお金をかけない日本に未来はない」と現場は苦しんでいる。

公務員・教師が苦しんでも、政権与党は**軍事費を43兆円**にも倍増するらしい（もちろん税金を使って）。教育予算を増やして**公的な職員の待遇を改善**せねば、国の未来が崩壊して当たり前だろう。

国民が声を上げないと、政府は**“当たり前の税金の使い方”**に気付かないようだ。どの議員も良い大学を卒業しているはずなのに不思議だ。

公務員はストライキ禁止？

安定を求めて公務員を目指す学生は多いが、**現実を知ろう**。**前例主義**・紙の山・FAX文化・ぼろぼろのオフィス・古いPCは当たり前。いまだにフロッ

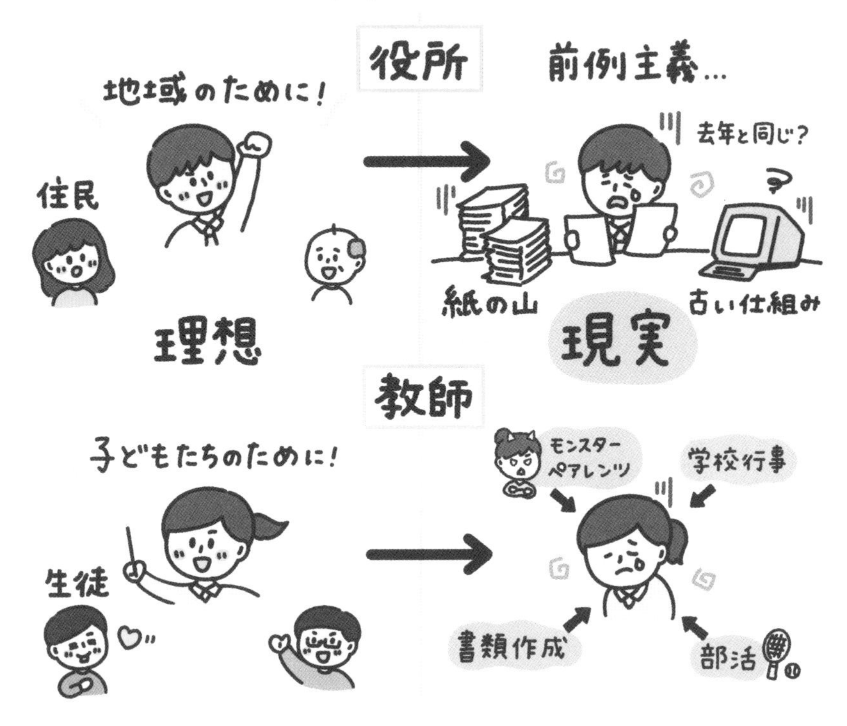

ピーディスクを使っていた山口県阿武町では4630万円の誤送金が大ニュースになった。ちなみにフロッピーディスクの容量は最大1.4MBで、今日私がiPhoneで撮った写真1枚は3.3MBだ。現実を知らないまま「安泰」という理由だけで進路を決めると、初日から書類の山に埋もれて後悔する。

もし限界を感じているなら団結し**ストライキをするべきだ（P.41参照）**。

公的な仕事（エッセンシャルワーカー）だとしても、海外では当たり前のようにストが行われている。**英・ロンドンの中心地でもストによって電車が止まり、仏・パリの空港でもストが起きた**。日本で例えるなら、JR＆地下鉄が全て止まり、羽田空港がストップするイメージだ。

イギリスでは公務員50万人がストライキを起こし、公立の教員が賃上げを訴えた。日本の公務員のフォロワーに聞くと「ストは法律で禁止されている」と言うが、自分の身を守るには自分しかいない。公務員がストできないなら、私たち国民から訴えなければ日本社会は永遠に閉塞的なままだ。

ベンチャー企業（非上場）を見極める4つのチェックポイント

ベンチャー企業（非上場）の話をしよう。10年以上の株価（業績）を見るという基本方針は変わらない。日本には約400万社の企業があり（個人事業主も含む）、そのうち上場企業は約4000社。つまり上場企業は0.1%のみで、残り99.9%は非上場だ。

（非上場と言っても大きな会社もあるが）ベンチャーは株価や業績が公開されておらずどう判断するか。良い職場を見極めるポイントは4つだ。

①尊敬＆応援の気持ち：繰り返すが、創業者＆株主を尊敬＆応援できるかが最重要だ（P.65参照）。

②業績＆待遇をストレートに聞く（過去→現在→未来）：まずは業績（株価）の把握。社長（または株主）にド直球ストレートに聞く。

例：直近5年間の売上と利益は？ 今後3年間の売上と利益の見込みは？ 将来のビジョンは？ 新規事業は？ 入社3～10年目の給与テーブルは？ 平均残業時間は？ ノルマは？…など。

答えを隠したり、質問に嫌な顔をするなら、尊敬できる経営者ではない。

※ 仮に非上場・ベンチャー企業でもEquityの資金調達をしているなら現在の時価総額（株価）は決まっている。社長が株を100%保有しているなら“言い値”になる。社長に聞こう。

③経営者のモチベーション：雇われの身の**最大のリスクは、社長（経営陣）がモチベーションを失うこと**だ。特に**創業者が持株を手放していたら注意**。上場企業は「（企業名）　大株主」で検索すると、誰が株主なのか無料公開されている。上場直後にVCの割合がほぼゼロになっていたら注意。上場後にVCの割合が減るのは当然だが、そのタイミングに合わせて創業者も株を売っているパターンは超危険。

上場後のロックアップ（社長が辞められないようにロックすること）は通常6ヶ月～1年ほどなので、経営者は「俺の仕事はもう終わった」と退任のことしか考えていない。これが**上場ゴールという悲劇**だ（雇われの社員にとって）。

「上場後の新規株主・社員はどうでもいい」という経営者は尊敬できない。

ベンチャー企業の見極め方4選

1 尊敬&応援

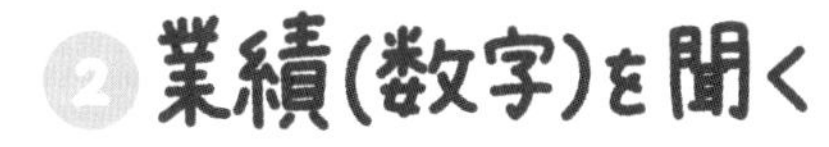

3 経営者のモチベーション

紹介・社員訪問

※ VCとは？：ベンチャーキャピタル（Venture Capital）とは、スタートアップに出資する投資会社。投資家から資金を預かり、未上場のスタートアップに投資する。基本的には投資した企業を上場させることにより、VCはキャピタルゲイン（投資額と株式公開後の売却額との差額）を得る。

上場して１～２年の企業への転職は特に注意だ。上場によって集めた資金で**採用の広告費が今だけ豊富にある**ため、転職エージェントから紹介されやすい。**新卒の就活サイトでも広告費を払って上位表示**されている。

社員の紹介インセンティブもある（リファラル採用で友人を入社させたら紹介者にボーナス20万円など）。上場＝イケていると釣られやすいが、業績がハリボテなら時限爆弾をパスしあっている状態だ。いつか爆発する。

※ リファラル採用とは？：社内外の信頼できる人脈を介した採用活動・採用手法を指す。リファラル（referral）は「紹介」「推薦」という意味を持っており、企業をよく理解した従業員の紹介であるため、企業とのマッチング率・定着率が高く、自社採用であるためエージェントや求人広告対比で採用コストも抑えることができ、費用対効果の高い今注目の採用手法。

④生の声を聞く（社員訪問など）：ポイントを箇条書きした。

・**結局は社員訪問？**→その通り。株式投資も就職も、実際に働いている社員の声が最重要。インターネットの口コミサイトだけで判断すると失敗する。「この人と結婚してもいい！」と明るい希望を持てるかどうか。

・**HP にあるトップメッセージを読めば良い？** → 信じすぎるのは NG。HP は外注でお化粧できる。お見合い写真だけで結婚を判断してはいけない。

・**会うのがベスト？**→その通り。社員数 100 人を超えると社長に会うのは厳しいかもしれないので、社員に会って聞こう。オンラインでも良い。デート無しで結婚することは無いだろう。

・**どうやって社員訪問をする？（社員の見つけ方）**→ 3 つの方法がある。

(1) 紹介の数珠つなぎ：紹介の連続でわらしべ長者をするしかない。

(2) テレ東 BIZ & 日経電子版：「会社名」「社長名」を検索。

(3) SNS：LinkedIn・Twitter・Facebook での直接の連絡。

上記 3 つの方法をまとめると、社員に会うには“人間の力学”を考えること。知らない他人にボランティアする人はいない（情報漏洩（ろうえい）などのリスクが大きすぎる）。つまるところ**「紹介」しか方法は無い**。友達の友達（先輩の先輩）を経由して社員を捕まえる。**誠実で紹介したくなる人間になる**しかない。

相手へのメリットを考えられない人は仕事（営業・マーケティング）もできない。本気で志望しているなら、本社のお問い合わせフォームにラブレターを送るか、社長に直談判する。

無視されるなら、自分を採用する**メリットと実績の提示**ができていない自分が悪いはず。常に相手の立場で考えること。

今の仕事で市場価値が上がらない場合は？

スキルの資産が積み上がらない状態では？

年功序列・頑張っても年収上がらない、上司の顔色をうかがう仕事が嫌…そんな環境から今すぐ飛び出さないと、あなたの価値は腐ってしまう。

自分の価値を守るために、“転職”の道を正しく理解しよう。

ではどうやって転職先を探すべきか？ 転職で損をしない方法とは？

次の第 3 章で詳しくお話ししよう。

第3章

転職で稼ぐ。最初の会社選びを間違えたら転職すればいい

やりたいことが見つからない
あなたへ

人生に悩む皆さまへの【結論】

「**やりたいことが見つからない・分からない。でも自由に生きたい。お金を稼ぎたい**」…など。人生のお悩みDMがセカニチには毎日何十通も来る。

特に悩むのは30歳前後だ。新卒入社から5年も経つと、仕事に慣れてきて、適度にサボるのも上手くなる。
「ラクだけど、このまま今の会社にいて良いのか？」と気付き始めるのだろう。そして30歳になると**同世代の成功者たち**が現れてくる。有名な賞を受賞した、起業で成功した、SNSでバズった、メディアに露出した、M&Aで売却益（数億円規模）を得た…など。

「同い年が成功しているのに**自分はこのままで良いのか？ 本当にやりたいことは何だ？** どうしたら自由な人生を歩める？」と、私も入社5年目の27歳で**本気で人生に悩んだ**。

大切なのは**自分のモチベーションの源（やりたいこと）を探すこと**。
では悩める人に、セカニチ流モチベーションの源の探し方を伝授しよう。

やりたいことを見つける3つの方法

①「挫折した瞬間」を探す。
②「感謝された瞬間」を探す。
③「尊敬している人」を探す。

3つのキーワード（**挫折・感謝・尊敬**）を頭に入れて読み進めていただきたい。では①から順番に説明していく…その前に。基礎となる土台をしっかり固めよう。まずはセカニチの体験談から赤裸々にお話ししよう。

配属ガチャ

運命の配属ガチャ

配属ガチャの大きなリスク

新入社員は**初配属**によって会社員生活が大きく左右される。まるでスマホゲームの課金ガチャを回すようなので**“配属ガチャ”**と呼ばれる（上図）。

大企業にはアタリ部署（SSランク）もあれば、ハズレ部署（Cランク）もある。**初配属が希望通りになるのは60～70%**というデータがある（マイナビ調べ）。同期の1/3が不幸な感情を抱く…と考えたら、配属ガチャには**大きなリスク**があり、プロ投資家としては**推奨できない**。

実際、私がいた大企業の同期でも、東京生まれ・東京育ちの22歳が初任で大阪配属を告げられ泣き崩れる…という悲劇を見た。ほとんどの同期が東京都心の巨大オフィスで働く中、自分だけが違うところに飛ばされ、見捨てられるような感情を抱いたのだろう。

私は自分の意思で**東京本社・営業・有名企業のテレビCM担当を志望**し、配属ガチャに成功した（新入社員、2012年）。しかし前述（P.46参照）の通り**入社後のギャップ**は存在し、涙が出るほど苦しんだ。入社前の期待値が大きいほどダメージは深刻だ。繰り返すが「入社後のギャップがある！」と**ハッキリと意思表示できなかった**私自身に原因があった。「思っていた世界と違う、想像以上のストレスだ、マーケティング・商品開発に就けない、思い描いてたキャリアではない」…等は、**会社員あるある**の悩みだ。私自身が誰よりも辛い体験をしたからこそ、皆さまの悩みに深く共感する。

一言で「営業」と言っても、**部署・上司によって雰囲気＆働くコスパが全く違う**。日本No.1の広告主・X社ともなると、私がいた広告代理店にはX社担当チームだけで合計100人以上いた。全く同じX社担当でも、自社内の誰が上司になるか、誰が窓口（相手企業の社員）になるかによって、もはや"違う会社"と感じるほど全く違う働き方となる。ストレスフルで殺伐とした**極寒の戦場の部署もあれば、南国のような暖かい楽園の部署もあった**（同じX社担当なのに…）。私がどちらにいたのかは説明不要だろう。

アタリ2：ハズレ8の法則

私の経験上、**大企業の配属ガチャのアタリは2割しかない**（残り8割は…）。なぜなら真の意味での**優秀な上司は30～40代になると独立（起業）して自分で稼いでいる**から。

実際どんな組織であっても**上位2割の優秀層が、全体の8割の利益を稼いでいる**という「働きアリの法則」が知られている。

上司の主導でクライアント（顧客）を正しくマネジメントできていれば、職場は暖かい楽園になる。裏を返すとあなたの職場が極寒の戦場になっているのは、**上司のマネジメント力が無能**だからだ（もしくは職務放棄）。

つまり正しくは**上司ガチャ**と呼んでも良い。あなたの会社員生活は上司によって決まる（本書では統一して"配属ガチャ"と呼ぶ）。配属は4段階（部署→上司→担当企業→窓口）の連続ガチャであり、SSランクを4連続で引けるのは625人に1人だろう（0.2×0.2×0.2×0.2=0.0016）。

このように会社員生活は運に左右される。**会社員＝安定**と呼ばれることが多いが、実態は**ガチャに運命を賭けるギャンブラー**ではないか。

第１章で述べた通り、生涯賃金で大きな格差が生まれる理由は、**どこの企業のイスに座っているか（＝働く会社選び）**だ。

では“良いイス”とは何か？ 配属ガチャに左右されない人生を送るには？

予想外に泥臭い仕事、自分のペースではない勤務時間、自分の仕事は終わっているのに空気を読んで残業、行きたくない上司との飲み…等。会社員がストレスを抱える場面は無数にある。悪いイスで人生の時間を消耗するべきではない。**最初の会社選びに失敗したなら転職すればいい**。

実際に日々、転職希望者と面談を繰り返している現役の転職エージェント社員（最大手）からもお話をうかがい、リアルな声を聞いた（“営業沼”という恐ろしい実態を知り、私は凍りついた）。

本章は**転職（＝働く会社選び）**がテーマだ。

「100万円以上」アップもいる転職の成功例

年収が100万円以上アップしている転職成功者は存在する。転職での年収アップは全体の７割以上にのぼる。「51万～100万円アップ」は24%、「101万円以上アップ」は19%。年収の平均アップ率は14%だ。

転職者の平均年齢は31.1歳、１回目の転職の最大の山は27～31歳だ。確かにセカニチ自身も新卒入社（22歳）した大手企業を28歳で辞めている。

14%の年収アップとは、私の体感では堅めな数字だと感じる。本書を読んでいる賢明な皆さまであれば、100万円アップどころではなく、もっと大幅な年収アップが狙えるはずだ。

日本国内だけでも、儲かっている会社は驚くほど儲かっている。日本は非常に広い。座るイスを替えるだけであなたは必ず輝けるはずだ。

※ 出典：転職で年収が大幅に上がる人の特徴とは？（Geekly）

※ 出典：6,000名の転職者データから読み解く「年収アップ転職」の傾向（doda）

「置かれた場所で咲きなさい」は正しいか？

日本国憲法には「職業選択の自由」がある

私たち日本国民は**日本の法律（社会のルール）**の中で生きている。犯罪（刑法）は**警察に逮捕**され、民法で契約違反をすれば**訴訟**を起こされる。

これらの法律よりも**最上位のルールが日本国憲法**（以下、憲法）だ。憲法では私たち国民1人1人の自由権が保障されている。そして自由権の中には**職業選択の自由**がある。皆さまは警察・弁護士・政治家の権力よりも強いルールで職業選択の自由が保障されている。立法権（法律を作る権利）を持つ国会（政治家たち）よりも、**憲法は強いチカラを持つ**。

もし憲法が無かったら？　エラそうな政治家たち（内閣府）が勝手に閣議決定して、**我々は人権も無く、職業＆収入をムリヤリ決められる**。閣議決定によって「死ぬまで時給10円で働け。**お前に仕事を選ぶ権利は無い**」と言われるかもしれない。国民を守り続けてくれている憲法に感謝だ。さて、皆さまは今持っている自由権をどのように謳歌しているだろうか？ 毎日が暖かい楽園のような働き方だろうか？

「咲ける場所を探しなさい」

「置かれた場所で咲きなさい」という言葉が一時流行した。**周りの環境を言い訳にせず、自分にできる努力を続けよう**という励ましのメッセージだ。

セカニチとしても「①周りの環境を言い訳にせず」「②自分にできる努力を続けよう」という励ましは①②どちらも大賛成だ。

しかしこの言葉を**表面的に理解するのは危険**だ。「今の場所（働く会社）から動いてはいけない、成功しないのは**無能な自分のせい**だ、努力が足りないから…」と1人でふさぎこむのは正しい理解ではない。

現代社会で、この言葉を正しく翻訳するなら**「咲ける場所を探しなさい」**だ。周りの環境を言い訳にせず、幸せになれる**良いイス（＝働く場所）を探す**努力を続けよう。配属ガチャで最初に置かれたイスにわざわざ固執して勝

咲ける場所を探しなさい

あなたの価値(価格)が大きく跳ね上がる

負し続けるのは、非効率的でナンセンスだ。もっと柔軟に生きた方が人生の幸福度は高まる。実際、全く同じ仕事なのに給料が2倍以上も違うという現実もある（P.101参照）。**稼げないなら場所（働く会社選び）を替えるだけ。**人生の格差は倍以上に開く。

「咲く価値のない場所から逃げなさい」

さらに加えると**「咲く価値のない場所から逃げなさい」**と過去の私に伝えたい。大企業の配属ガチャはアタリ2：ハズレ8の法則だ。

やる気の無い上司、給料が低いブラック企業で咲こうとしても、搾取され、過労死するだけだ。極寒の戦場で抵抗してもあなたは戦死する。

自分の身を守るには、戦うのではなく、逃げる。精神的・肉体的にボロボロになる前に、**価値の無い場所からは猛ダッシュで逃げよう。**

良い働き方＝時間の投資

そもそもの大前提、**良い働き方**とは何か？ 結論、**時間の投資**だ。コツコツと雪だるまのように資産を積み重ねる。まずは基礎からインプットしよう。「**キャリア**」「**プロ**」「**市場価値**」という言葉の意味を一緒に探っていこう。

キーワードは**電化製品（電子レンジ）**だ。

「キャリア」とは何か？

[辞書]キャリア (Career)：積み重ねた実地の経験。職業・技能上の経験。経歴。

セカニチ流キャリアとは、「**電化製品**」である。

どんな価値を提供できるか。労働市場とは家電量販店であり、**私たちは店舗に置かれた電化製品だ**。お金を持ったお客さんから「電子レンジ、お前に何ができるのか？」と家電量販店で問われている。「私は黒い箱です」と見た目（肩書・所属）だけの自己紹介をされても誰も買わない。**スープを温められる（機能的価値）、身も心も温まって幸せな時間を提供できる（情緒的価値）**と自信を持って伝えれば、あなたの価値を欲しがる人は無数にいる。

キャリア形成＆スキルとは、**どんな価値を提供できるかを言語化する**ことだ。そして過去に取り組んできた**実績＆質を見える化する**こと。就活でも転職でも「あなたは何ができるのか？」と聞かれたら「セカニチは熱い人間です。冷めたフツーの食パンでも、毎朝ふっくら美味しく焼いてきました。だからあなたに幸福な朝の時間を提供できます」と堂々と主張すれば良い。

「プロ」とは何か？

[辞書] プロフェッショナル（Professional）：あるものごとを生計の手段として行う人。専門家。本職。プロ。

セカニチ流プロとは、「**安定的に期待に応える電子レンジ**」である。

プロフェッショナルとアマチュアの違いは、**「安定的」に価値を提供できるかどうか**。そしてプロは安定の見返りに**正当な報酬（対価）**を得る。

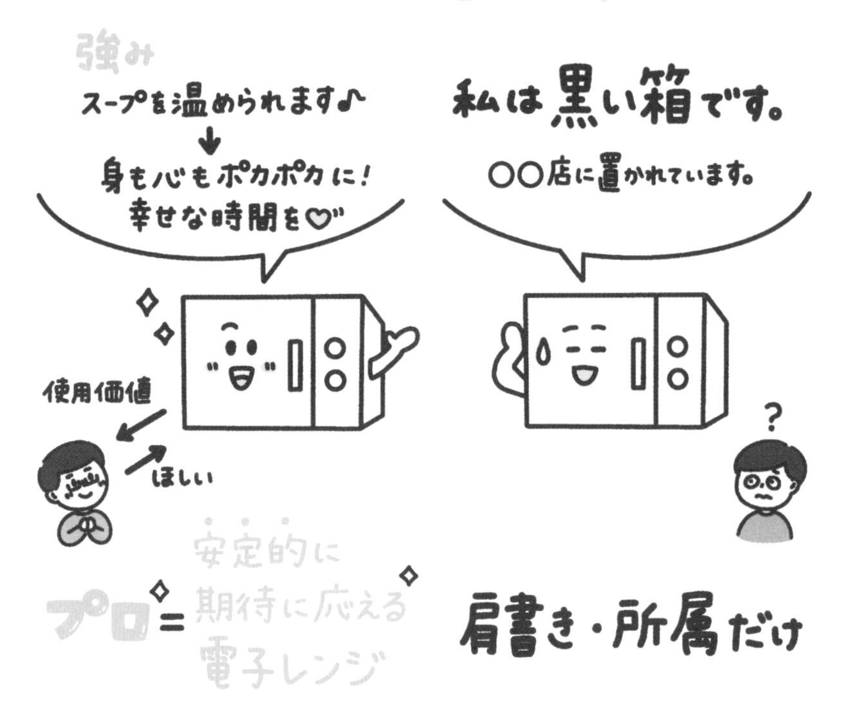

電子レンジは10回スイッチを押したら10回とも同じ結果になる（マルクスで言う**使用価値**）。気分次第で止まる電子レンジはプロとは呼べない。

大怪我をして再起不能となったプロ野球選手が**戦力外通告**を受けるのは、球場での**価値提供が安定しなくなった**からだ（もちろん人生が終わるわけではないので、スポーツ選手以外の道を探す）。

キャリア＝どんな時間を費やしてきて自分は何を安定供給できるのか。

自分が何のジャンルの専門家・プロか。例えば「○○士」と付く人は稀（まれ）で、日本の**全人口の約0.3%**しかいない。だから報酬（対価）が高い。

“士”＝**品質保証書**だ（時間を投資した証拠）。

“士”が付かなくても、何かのジャンルで場数を経験したなら、きっとあなたは**その道のプロ**だ。自信を持っていただきたい。

「市場価値」とは何か？

[辞書]市場価値(Market value)：生産条件の異なる企業によって生産される、同種商品全体の平均価値。市場での競争によって決定され、市場価格が成立する基礎となる。

セカニチ流市場価値とは、「**家電量販店での並べられ方・見せ方**」である。

どのくらいの規模の店舗に置かれるか、店内のどこにどう配置されるか…等、**市場選び（並べられ方・見せ方）**でその電化製品の売れ行きの運命はほぼ決まる。現代は技術発展の結果、電化製品はメーカーごとの**能力差はほぼ無い**（電子レンジ・掃除機・冷蔵庫・洗濯機・エアコン…等）。逆に言うと、能力が少し低くても**店内POPや広告の"見せ方"が良ければ売れてしまう**。

これを人間の労働に当てはめよう。私たちはほぼ差の無い状態で、あとは**"見せ方"で勝負する**のだ。人間の労働価値は**過去の実績**でしか判断できない。そして見せ方の工夫で顧客を安心させ、**将来の自分の価値（伸びしろ）を主張する**。**これが自己プロデュース**だ。

元ジャニーズの方は「**ジャニーズはみんな自己プロデュースの鬼だ**」と語る。10代で競争市場にポンと入れられる。ジャニーさんが拾ったということは、何か光るモノがあるはずだが、誰かが磨いてくれるわけではない。「**Youたちの魅力は自分で見つけて、手を挙げてごらん**」というマネジメントスタイルだそうだ。だから**自分の強みを主張できない人は消える**。コンサートのうちわの数・出待ちの客の数で、自分の人気が数字で分かってしまう競争市場。10代から自己分析をして、**どうしたら自分は生き残れるのか？**　を自分で考え続けるのがジャニーズ市場のようだ。

労働市場においてあなたも同じ努力をしなくては生き残れるわけがない。

まとめ：良い働き方＝時間の投資とは？
◎キャリア＝どんな価値を提供できるか？ → 実績＆質の見える化
◎プロ＝価値提供が安定しているか？ → 場数の見える化
◎市場価値＝どこの市場にどう置かれるか？ → 見せ方の工夫

では、セカニチ流やりたいことを見つける「３つの方法」を説明しよう。

やりたいことを見つける3つの方法

①「挫折した瞬間」を探す

Q 「挫折・失敗・困難は？ どう乗り越えたか？」

面接では**必ずこの質問をする**。冒頭に述べた通り、私は500人以上と面接してYouTubeに公開してきた面接のプロだ。

なぜ挫折を聞くのか？ **目標を設定**し、目標に向けて**努力した証拠**だから。もちろん全ての努力が報われるわけではないので、ほとんどの人が目標に届かない。だから**悔しさ・挫折**を経験する。大切なことは**なぜ再び立ち上がることができたのか？** という**モチベーションの源を言語化する**こと。挫折の瞬間に本質的な人間性・価値観が現れ、ウソのハリボテはすぐバレる。

何に（What）・なぜ（Why）、時間＆お金を投資したか？ なぜ続けられたのか？ 挫折を乗り越える時に使った武器が、あなたの真の強みだ。

これがあなたのやりたいことを見つける第一歩だ。

※ セカニチの面接動画はYouTubeに200本以上アップされている。短尺動画（ショート・TikTok等）も含めると合計4000万回再生以上ある。「セカニチ　面接」「セカニチ　就活」などでYouTubeを検索していただきたい。

Q 「困難（Problem）をどのように克服したか？」

イーロン・マスクは採用面接でたった1つの質問しかしない。話を盛っているかは、**重要な事をどう決定したか**を聞くだけで十分判断できるそうだ。

※ 努力とは関係が無い事象（差別・いじめ・攻撃…など）は“挫折・失敗・困難”に該当しない。悩んでいる人は警察や弁護士に相談しよう。弁護士を探す場合は「ココナラ法律相談」が最もオススメ。レビューが可視化されている。たとえお金の無い学生でも、人生に切羽詰まっている未成年を見たら相談に乗ってくれる弁護士は必ずいる。社会人は30分5000円の相談料を払ってプロの意見をもらおう。

②「感謝された瞬間」を探す

人から感謝された瞬間は誰しも経験があるだろう。**小さくても良い**。例えば私は初任配属で知識ゼロからExcel関数に異常に詳しくなった。他部署の人がExcelで困っているのを助けて感謝されたことがある。自分では「常識だ、簡単だ」と感じる関数でも、**別の誰かにとっては大きな価値がある**。

皆さまも、日々の中で、SNSで反応が良かった、何かをして礼を言われた…など小さい感謝が必ずあるはずだ。実はあなたには**自分では気付いていないだけ**の大きな価値があり、その小さなエピソードがヒントになる。

「自分の価値が分からない…」「売り物になる知見など自分にあるのか…」と自信を失い、悩む人が多い。そんな皆さまに勇気が出る言葉を授けたい。

「自分の常識は、他人の非常識」。自分にとって常識だ（価値が無い）と思うことでも、**別の誰かにとっては大きな価値がある**。人生（仕事・生活など）で誰もが経験や知識を培っており、それらはいずれも貴重だ。1時間単位の助言・プロジェクトへの参加など、**あなたの知見を必要とする会社は世界のどこかに必ず存在する**。自分で希少価値に気付いていないだけだ。**あなたの貴重な知見を言語化・可視化すれば良い**。

例えば、ググれば分かることでも「どんな単語で検索すればいいのか…」と困っている人は必ずいる。**ググって無料で仕入れた"知識"にも大きな需要がある**。このように、原価はほぼゼロなのに経済（利益）を生むこともできる。価値は変動するものだ。

「この水を1本1万円で私に売ってみろ」。どこかの映画で聞いたセリフだ。さまざまなYouTuber・経営者がチャレンジする営業の訓練だ。皆さまはどう答えるだろうか？ 普通の水を1万円で売るためには市場間の価格差に注目しよう。1万円どころではなく、10万円で売ることもできる。

例え話をする。1リットル＝100円の水には100円の価値しかないと考えるのが普通だ。しかし**場所を替えれば良い**。**灼熱の砂漠で遭難したお金持ち**は、今すぐに水を飲まないと死んでしまう。たとえ1リットル＝1万円でも喜んで買ってくれる。富裕層はお金はいくらでもあるが、**命は1つしかない**。死んだらお金なんて意味が無い。1万円どころか、**1本10万円で売っても「きみは命の恩人だ！　ありがとう！」と泣いて感謝される**。私も山頂（初心者向け）で1本500円の水を買ったことがあるが「売ってくれてありがとう！」と感謝するほどノドはカラカラだった。

全く同じ商品でも、時間や場所によって価値（価格）が異なる。

アービトラージ（Arbitrage）という言葉を聞いたことがあるだろうか？金融の世界では「**裁定取引**（さいてい）」を指す。裁定取引とは、一時的な金利差・価格差・

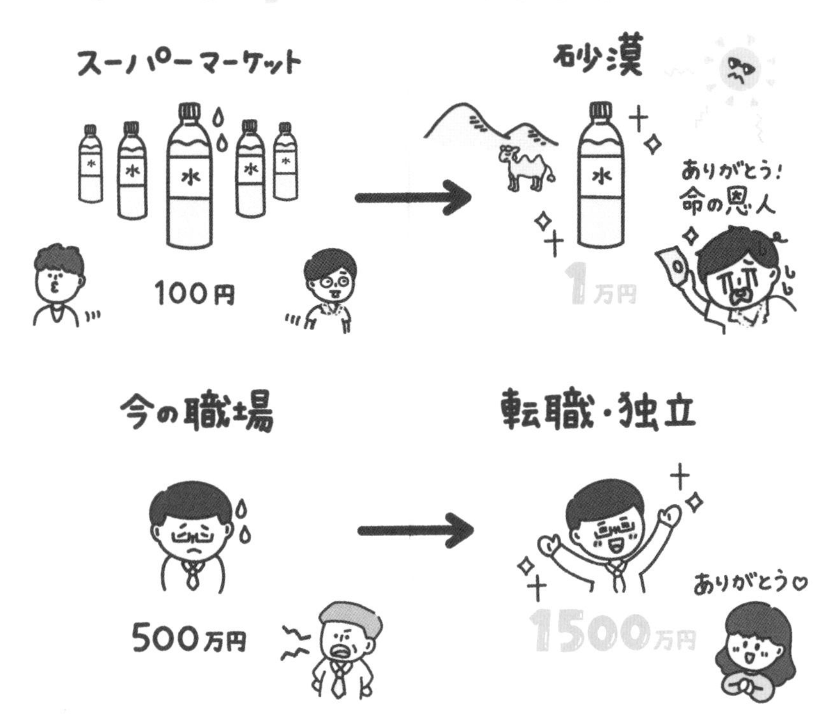

為替差に注目して、割安を買い、割高を売るポジションを取ることで、両者のサヤを抜く手法。「同一の価値を持つ商品」の**価格差**（**歪み**）が生じた際に利益を出せる。金融の世界で「金利差・価格差・為替差」と言われているが、「差」を利用して利益を得るという点にヒントがある。

他にも例は多数ある。代表例は**日本の観光**だ。我々日本人にとって、日々使っているインフラ（水道・電気・インターネット・電車・駅…等）は常識だが、世界では常識**ではない**。

私たちにとって常識でも外国人は「**すべてが Amazing！ 素晴らしい！**」と感動する。

・**道を歩ける**：安全＆快適な道に高い価値がある。道路が舗装され、ゴミが拾われてキレイ。電車やバスも治安が良い。お店やホテルが清潔。だから心理的に観光しやすい。海外では警察官が少なくなる深夜は治安が悪く怖くて出歩けない。東南アジアの猛暑では日中に出歩くことはできない。

・**食べ物が美味しい**：日本の食は美味しくて安い。ラーメン・寿司の外食はもちろん、コンビニに並ぶおにぎり・ホットスナック・お菓子類。「セブン-イレブンごと持って帰りたい！」と興奮する。世界の富裕層・芸能＆スポーツ界のスターたちも1杯900円の日本のラーメンに魅了される。

・**四季と自然**：日本は春に美しい桜が咲き、秋に紅葉が楽しめる。世界中の人々にとって桜・富士山のような自然は憧れの美しさだ。

日本は世界トップレベルで恵まれた国だが、住んでいる当事者は上記**すべてが常識すぎて、その魅力に気付いていない**。日本人には常識でも、別の人からは心から感動するほど感謝されることがたくさんある。

結論、**あなたのキャリア・市場価値**も変動する。

あなたの労働力は少し違う場所に行くだけで大きく価値が上がり、誰かが涙を出すほど感謝する（かもしれない）。

水が余っている場所で水を売るより、水を欲する人に売ることが商売成功の基本だ。日本ではラーメン1杯900円程度だが、NYやハワイなら全く同じラーメンを1杯3000円以上で販売しても行列ができる。**自分の常識は、他人の非常識**。水やラーメンのように、**あなたの価値（価格）が大きく跳ね上がる場所を見つけよう**。「咲ける場所を探しなさい」が最重要だ。

③「尊敬している人」を探す

生きている中で「尊敬している人」に出会うだろう。実在する人物でも歴史の偉人やアニメのキャラでも良い。3人以上を思い浮かべよう。

なぜ尊敬しているか？　という要素を抜き出し、**要素の共通点**を書き出す。それがやりたいことを見つけるヒントになる。

人生のロールモデルを見つけよう。一生かけて探すものだ。なぜなら目指すロールモデルがいないと、**モチベーションが続かないから**。筋トレ・デザイン・動画編集・プログラミング・SNS発信…など。

「○○さんのようになりたい！」と**マネする師匠**がいなければ、日々の努

やりたいことを見つける3つの方法

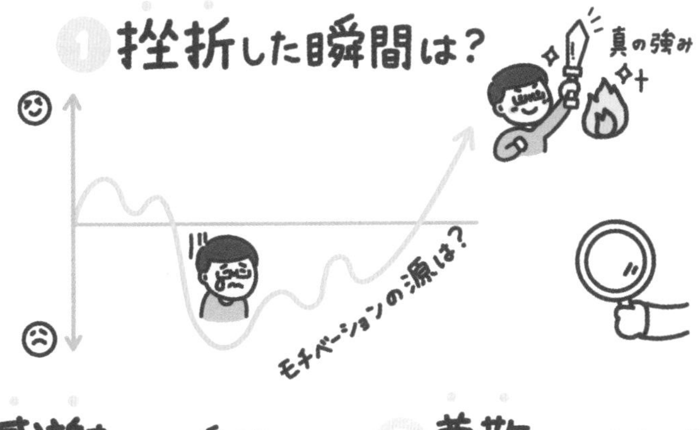

②感謝された瞬間は?

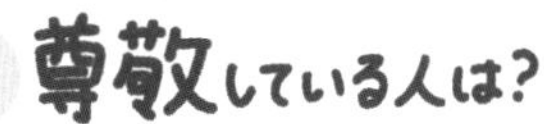

力が継続できない。尊敬する人は途中で変化してもいい。“変わる”のは自然なことだ。30歳・40歳になっても、ロールモデルは**一生探し続ける**。

まずは尊敬する3人の共通点を書き出そう。

まとめ：やりたいことを見つける「3つの方法」
①「挫折した瞬間」を探す。→モチベーションの源を言語化。
②「感謝された瞬間」を探す。→自分の常識は、他人の非常識。
③「尊敬している人」を探す。→一生探し続け、共通点を挙げる。

本当に辛いときは

もし、やりたいことが見つからないまま働くと？「やりがい搾取」という大きな危険性がある。ここでクイズ。

「最低賃金」の大手飲食チェーン店はどこ？

答えは皆さまが駅前でよく見るミドリの某コーヒーチェーン（以下、ミドリ社）だ。現在の東京都の最低賃金は1072円だが、ミドリ社の時給はほぼこれに等しい。**この時給は某ハンバーガーチェーンよりも安く、大規模な飲食チェーン店でほぼ日本最安**となっている。若いうちのコミュニティ・サークルとしてミドリ社を利用するのは良いが、労働者としての一生を投資するには…コメントを控えよう。

アメリカのミドリ社では労働者（パートナー）による大きなデモ、ストライキが起きている。2000人以上・100店舗以上で起きた。「**時給が16.45ドル（2150円）しかないのよ！**もう耐えられない！」と全米で叫ばれた。あれ、日本のミドリ社の時給は…？

やりがい搾取に遭う人の特徴は3つある。①自己犠牲型、②再就職した子育てママ、③知識が無い未経験の若者。

周囲の人に該当者がいたら目を覚まさせてあげよう。室内で飼いやすい小型のペットは人気だ、飼い主にキバを向けることは無い。大企業の経営者にとってはこれほどラクな国は無い。やりがい搾取は、飲食チェーンだけの話ではない。疲弊する教師・公務員でも同じことが起きている（P.71参照）。自らの意思でやりたいことを見つけないと危険だ。この言葉を繰り返す。

「咲く価値のない場所から逃げなさい」。

まずは「部署異動」を試みる

「部署異動ができなければ会社を辞めます」。これが**会社を一瞬で動かす魔法の言葉**だ。ほぼ確実に部署異動できる。手紙を渡し、メールでもPDFとして送って**証拠＆履歴を残す**。社会は**証拠がすべて**。魔法の言葉にはなぜ即効性があるのか？　部署内の偉い人（局長など）＆人事部が、若者が辞めたくなるほど病んだのに**対策をしなかった証拠が残ると社内で大問題になる**からだ。だから無視をすることは絶対に無い。

私たちが知るべきは**大企業の力学**だ。離職率を改善したい人事部は、辞められるくらいだったら**部署異動を叶えよう**と行動してくれる。

部署&上司チェンジ（配属ガチャのリセット）は**あなたが持つ正式な権利**だ。新入社員だろうと権利を持っている。今思えば私は情弱で、心が弱かったので魔法の言葉を言えなかった（そして後悔）。

それでも変わらなければ、転職だ！

月曜の朝は「仕事に行きたくない」「転職したい　転職サイト」「イライラ止まらない」「やる気が出ない」という言葉の検索が増えるらしい。

部署異動して、それでも状況が変わらないなら**心置きなくその会社を辞めて良い**。何の未練も後悔も無いはず。悪いイスに座ったままでは、あなたの心身が危険だ。

2022年、厚生労働相の諮問（しもん）機関である中央最低賃金審議会が、全国平均の最低賃金を31円引き上げるよう勧告した。これは**史上最大**らしい。そして2ヶ月後、台本通り31円アップされた。我々は**31円の引き上げを喜んでいる場合だろうか？** 賃上げが遅いなら転職するしかない。

では転職（会社選び）で成功するコツは？　一緒にアップデートしよう。

会社選びの4つのポイント

セカニチは10年以上も企業と人を見続けてきた。恐怖の営業沼（後述）にハマらないように、**将来の独立（起業）を逆算しよう**。

こだわってほしい会社選びのポイントが4つある（P.94の図）。市場からのニーズが強いチカラを若い企業で身に付けていただきたい。

①「年収が高い」→市場からのニーズが強い。
②「採用人数が少ない」→希少価値が高い。
③「スキル資産が貯まる」→2年後に独立できるか。
④「平均年齢が若い」→社内介護をしている余裕はない。

3つ以上が理想

高年収

採用人数が少ない

10年目で800万円以上

新卒30人以下

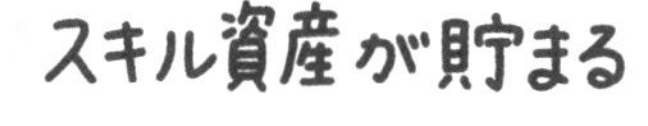

平均年齢が若い

デザイン・企画・編集

平均35歳

転職は今や常識。終身雇用はもはや幻想

40代以上の転職も増えている

実は**40代以上の転職が増加**している。2018年は39%だったが、2021年には48%と急上昇している。**大企業からの転職者はたった3年で7倍**に増えた。勢いのあるスタートアップが、成長に必要な人材を**好待遇で採用**するようになり、もとの大企業に帰属意識が強かった40歳以上にも動きが広がっている。「転職のうち、大手→スタートアップの比率」は21.4%と、たった**4年で2.5倍**になっている（エン・ジャパン調べ）。この流れは今後も加速

するだろう。

そもそも「転職」という行為自体、特別なものではない。「転職＝前職を嫌いになった」の悪いイメージは古い。どんなに素晴らしい会社でも、1社の文化だけに染まることはリスクだ。限られた経験＆狭い視野で選んだ会社は当時はベストでも、いずれ価値観は変わる。視野が広がれば転職・起業・副業をすればいい。

自分を殺して会社に合わせるのはやりがい搾取だ。

人材の流動性が高まれば、労働市場全体で**ミスマッチ（配属ガチャの問題）の解消**が早まり、上司と部下にも**健全な緊張感**が生まれ、**労働生産性も上がる**。社会全体にとってプラスだ。

「出世競争」を戦うのは効率的か？

役職別の平均賃金は、**部長級・53歳で月収58万円**だ。ミスの無いように神経を尖(とが)らせ、上司・部下・取引先にはさまれ、満員電車でストレスをため、理不尽な人間関係に耐え、そして部長への出世を勝ち得ても、ごほうびが「53歳で年収1000万円」という金額だとしたら満足できるだろうか？（ボーナスは約300万円と推定）

30年を耐えるのはあまりにも長く、重すぎる。

NTTは「実力主義！　脱・年功序列！」を掲げはじめた。等級ごとの在任年数の目安（2～3年）をなくし、早期登用への道を開いた。**20代で課長級**も生まれるそうだ。6万5000人に脱年功序列の新制度が適用された。

結論、あなたの勤務先でも**従来の出世競争で戦うのはリスクが大きすぎる**。

>［月給］部長級（53歳）→58万円。課長級（49歳）→48万円。係長級（45歳）→37万円。

※ 出典：令和3年賃金構造基本統計調査　結果の概況「役職別」（厚生労働省）

実は年収1000万円を超える転職のオファーは、大企業よりスタートアップのほうが多い（エン・ジャパン調べ）。では**転職で失敗しないためにはどうしたらいいのか？** その道のプロに話を聞くのが手っ取り早い。転職のプロ＝転職エージェントに話を聞いてみよう。

転職エージェントに聞いてみた

転職ビジネスの構造（リスクを知る）

そもそも転職エージェント（キャリアアドバイザー）はどんな構造か？無料で長時間、あなたの人生相談になぜ乗ってくれる？　**構造を理解すること**で転職リスクを知り、正しくプロを使おう。

もちろん彼らはボランティアではない。**あなたの転職が決まったら、“年収の 30 ～ 35%”が報酬（fee= 手数料・謝礼）として彼らに支払われる**。例えば年収800万円の人を35%のフィーで転職させたら、報酬は280万円(+消費税）になる。入社から約２ヶ月ほどで着金されるので非常に早い。これが転職ビジネスの相場だ。

結論、**転職市場は儲かる**。だから転職エージェントのアカウントがSNSに大量発生し、電車でも**転職の広告を毎日のように見かける**。転職志望の**あなたは売り物（商品）**だ。だから本書で繰り返し電化製品にたとえている。

あなたは家電量販店に並べられる電化製品と同じ。転職エージェントはあなたを売るだけで150万～350万円の報酬を手にしているのだ。

フィー（報酬）アップもある。勢いのあるスタートアップ（ベンチャー）では通常の報酬35%ではなく、50 ～ 70%へアップされることもある。直近では100%という驚異の報酬もあった。年収1500万円のマネジメント人材を**１人転職させるだけで**、２ヶ月後に報酬**1500万円をゲット**！?

人間は札束に殴られたら絶対に勝てない。報酬の大きさがモチベーションに直結するので、あなたの人生の将来性よりも、報酬欲しさに特定の企業をオススメ(営業)する。転職希望のあなたは**転職エージェントのモチベーションの源**を知らないとリスクだ。

※ 転職の報酬＝年収の 35%、という社会のルールを作ったリクルートはある意味“法律”を作り、強大なチカラ（権力）を持った。1988 年、「リクルート事件」で政治家や官僚の逮捕が続出した。この贈収賄事件（＝政治家にワイロ）は日本国における最大の企業犯罪だ。このとき逮捕された政治家たちの後継者・2世＆３世が、現代の政権与党・国会議員の中心を占めている。しかしメディアはあなたに歴史を教えてくれない。どこの党の誰が逮捕されたのか？　詳しくは「リクルート事件」で検索。

転職エージェントとは？（アドバイザー）

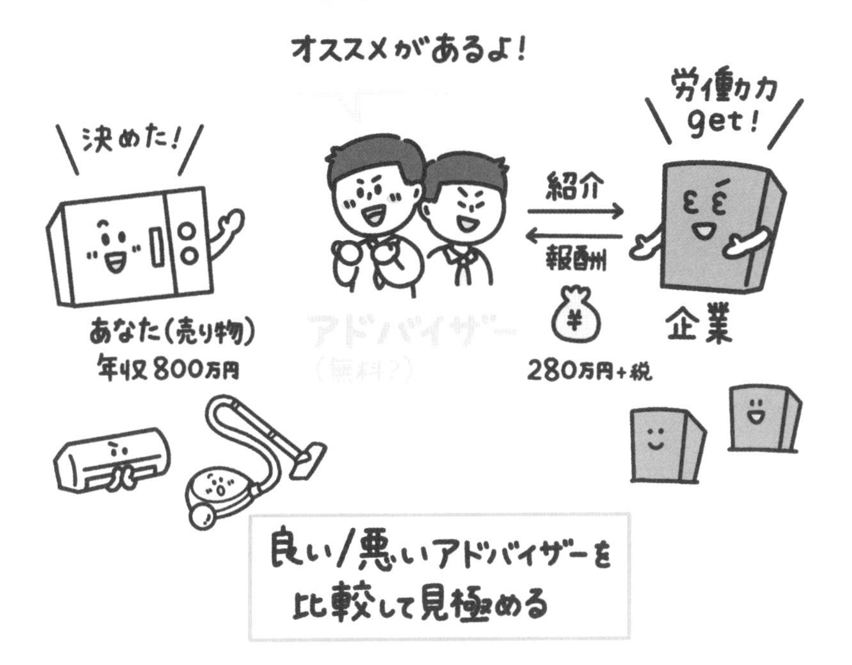

たった１つの質問「あなたは何の専門家？」

「あなたは何の専門家ですか？」。転職面接で企業側が聞きたいことはただ１つ。何でもやります（広く浅く）…という**ジェネラリストは求められていない**。転職で欲しいのは専門家だけだ。

何かのジャンルで困難にぶつかりながらも努力を続けたか。ユーザーの声を聞いて改善を繰り返し、自分のリーダーシップに悩み、メンバーのモチベーション低下に苦しみ、世の中に新しいものを生み出す難しさを痛感した…そのように**苦しんだ経験が、高い報酬**につながる。

何かのジャンルで**知識＆経験**を蓄えて専門家になるしかない。

どんな職種が稼げる？　需要が大きい業界は？

現在、**コンサルティング・SIer・DX関連**は働く人を欲しがっていて報酬が跳ね上がっている。私は転職エージェントの皆さまから具体的な企業名を何十社も聞いたが、**転職の需要は水モノ**であり、数年で状況が大きく変わる可能性もある。従って本書では**具体的な企業名を書かない**よう心がけた。

その時の“旬な転職先”を知りたい・具体的な企業名を知りたいという方はセカニチにDMをしていただきたい。

※ SIer（System Integrator）：顧客のITシステムの設計・開発・運用を一貫して請け負う事業者。

※ DX（デジタル・トランスフォーメーション）：業務のデジタル化＆オンライン化。従来の対面営業をインサイドセールス＆フィールドセールスの仕組みに変えたり…等。

「ITエンジニア」は慢性的な人手不足

市場からのニーズが強い＆年収が高い…という夢の条件をどちらも叶えられるのは**モノ作り・仕組み作りができる人**だ。具体的には**ITエンジニア**など。デザイナーも**UI/UXができれば需要が強い**。社会が不況になろうが、どんな時代でも強く求められる。また電気エンジニア等の手を動かしてモノ作りができる類の人も根強くニーズがある（ITほど年収が高いわけではないが）。

SE（System Engineer）・ITエンジニアは**超・売り手市場**だ。ソフトウェアの設計＆開発を手掛ける。コンサルだけでなく事業会社でもシステム開発を内製化（外部委託を減らしコスト削減）する流れであり、メーカー等の事業会社もSEを求めている。

※ 事業会社＝メーカー・メディア・ECサイト・アプリ・ゲーム・ディベロッパー…等。

IT人材＝理系のエンジニア…だけの話ではない。ITバックグラウンドとは、実際に**プログラミングを書くことがマストの条件ではない**。

例えばPM（Project Manager）としてエンジニアをディレクションした経験など、文系出身でプログラミング言語を書けなくても、ITバックグラウンドは名乗れる。出身大学・学部も関係ない。現役の転職エージェントから聞くと文系でもSEにはなれる（理系の方が適性があるのは事実だが）。

「自分は文系出身だから…」とあきらめてはいけない。

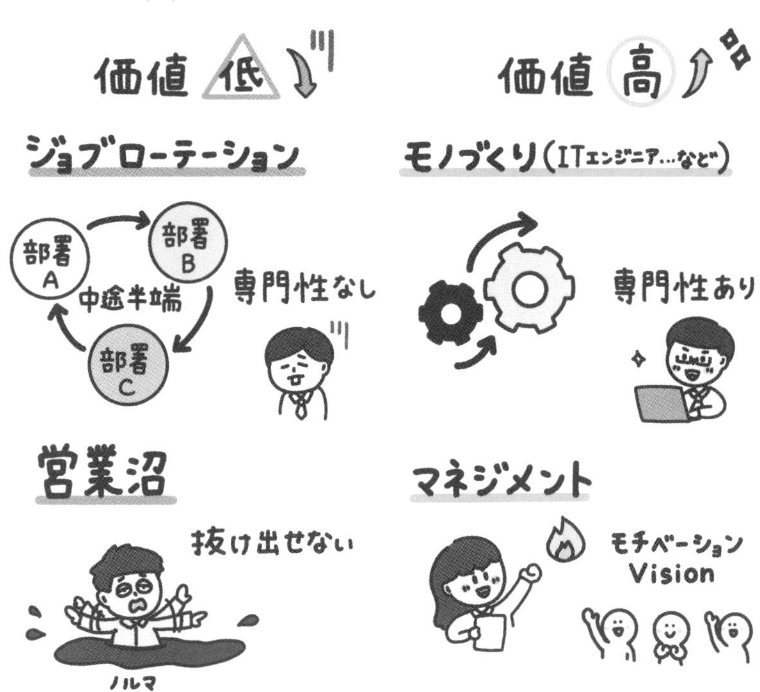

「マネジメント人材」は希少価値が高い

組織立ち上げ＆組織の改革経験は強い加点になる。言語化（見せ方）が非常に大事だ。マネジメント人材・リーダー人材（責任者）は貴重だ。電車広告でもハイクラス転職を見かける。取引先の各社から信頼され、まとめ上げるチカラはどんな企業も欲しがっている。

転職は**“再現性”を感じさせるゲーム**だ。例えば野球漫画にあるような、ゼロから部員を集めて、グラウンドを確保して…という**苦労の経験者は高い価値がある**。「新しい分野でも集中力をもって取り組めそうな人だな（再現性がありそうだ）」と思わせるゲームだ。資格は必要無い。

転職させにくいのはこんな人

転職市場のニーズを聞いたので、逆にニーズが無い職種・人材も聞いた。

事務など特徴のない仕事、逆に特殊すぎる仕事（何の仕事か分からない）、30代以降でもキャリア分散の中途半端な人、日系大手＆総合職でジョブローテが多い人…そして年収400万円台は転職エージェントのモチベーションが上がらない。とがったスキルや専門性が無いと、マッチングする企業（転職先）を探すのは難しい。

職種をまたいだジョブローテは"自社を広く分かる人"にしかならないから危険だ（日系大手＆総合職のジョブローテはまさに私の会社員時代だ）。

転職市場では経験した部署は関係なく"何ができるか"が重要だ。ジョブローテではなく一貫した専門性がある人は売りやすい。

未経験の転職は危険、年収は下がる一方？

未経験ジャンルへの転職は厳しい。よほどのガッツがあるか、年収を下げることを受け入れるか（年収400万円以下を想定）でないと、職種チェンジは無謀だ。

企業側は未経験者を採るメリットが無い。「新しいことをやりたい」という動機では、あなたはTaker（与えられる人）になっている。人生に成功したければ**Giver（与える人）になるしかない**。おんぶにだっこのスタンスでは幸せにはならない。

「営業沼」の危険性

「最初に営業を選んだことを後悔している」と私の友人が嘆いていた。

27歳・男・転職2回経験、3社目も営業だ。上記の通り、年収アップ＆職種チェンジの両方を叶えるのはほぼ不可能（どちらかなら可能）。営業が年収を上げたければ、同業他社の営業になるのみ。これは**1度ハマったら抜けられない営業沼**ではないか…。エージェントに聞くと、営業に求められるのは、若さ、体力、根性など。折れない心・メンタルが買われる。

40代になってもこの要素が求められるのはキツい。営業沼を抜け出す解決策を2つ考えた。

①**見せ方**：営業と一言で言っても広い。インサイド、フィールド、CS（カスタマーサクセス）など。見せ方を工夫して、体力系の営業から脱する。組織立ち上げ・組織マネジメントの経験を言語化する。
②**年収ダウンを受け入れる**：WEB広告系、メディア系、SaaS系で、2〜3年間デジタルマーケティングのスキルを身につける(年収は下がる)。その後、ベンチャー転職・起業など。やはりセカニチだったら恐怖の営業沼に浸かる前に起業をする（詳細は第6章)。

こんなにすごいよ「外資系」

全く同じ仕事なのに給料が「2倍」違う

「社会人1年目、外資に転職して給料が倍になった」という声が届いた。日系と外資で、同じ仕事なのに給料が2倍以上違うのは現実に起こる（国による経済成長の差)。実際、私も**同じ仕事なのに給料が2倍違う**経験があった。大手広告代理店は人件費を削減するためにデジタル広告領域専門の子会社を作る。1年間だけデジタル領域に出向をしたが、広告プランニング&運用で全く同じ仕事・隣のイスなのに、**親会社と子会社では給料が2倍違った。**

そして小会社社員は親会社に出世（転籍等）することはまず無い（親子の人事同士がもめるから)。

外資系メーカーでも、営業とマーケティングで2倍の給料の差がある。

しかし新卒の説明会では教えられず、入社後に気付く。

外資系で働くために準備すること

世界の常識「LinkedIn」

LinkedIn（リンクトイン）というビジネスSNSは世界の常識だ（日本で

は知名度が低いが)。外資系への転職には必須であり、どんな人も登録するべきだ(もちろん無料)。自分の市場価値・同じレベル感で、海外ではどのくらい稼げるのかが分かる。転職エージェントが自分を見つけやすくなり、気軽に話せて業界の裏事情も分かる。手始めに自分の会社名でLinkedInを検索だ。他の人がどんなプロフィールを書いているか参考になる。

逆に言うと、LinkedInに何を書くかを逆算して今の業務に取り組んだ方がいい。業務ポートフォリオで自分を見える化をするのは再現性を感じさせるためだ(実績・権威性)。名刺のオンライン化は便利でオススメ。ちなみにLinkedInの親会社はMicrosoftであり、やはり世界最強のサービスだ。

※ YouTubeで「LinkedIn」と検索。オススメの書き方が大量に出る。まずは上位10動画を観るべし。

転職の「失敗」談

もちろん全ての事象で“メリットだけ”という話は存在しない。転職で悲しむ人も一部いる。現役の転職エージェントやフォロワーの皆さまから「失敗談」を聞いたので紹介しよう。全ての失敗に共通するのは**“調べるのを怠った”**という原因だ(シンプルすぎる)。セカニチは「転職は怖いものではない」というスタンスは変わらない。正しく失敗を理解すればOKだ。

・「**転職エージェント=“営業会社”だ**」:現役の転職エージェントの声。

自分で確認せずに**良い話だけを真に受けて転職し失敗**したという相談も多い。現場社員に業務内容を確認して、**年収だけに踊らされないように**。本人は失敗だと思っていなくても「この転職でキャリア的に選択肢が狭まったのでは…」「転職しない方が良かったのでは?」というケースは正直多い。

悪い担当者や、採用の目標がキツすぎる転職エージェント経由だと悪い転職が目立つ。実態はゴリゴリの営業会社だ。(担当者次第だが)インセンティブ要因が強い会社だと不幸な転職を生む傾向がある。

・「**自己分析を怠って落ち続けた**」:自己分析(今までの経験等)をせず、言語化をサボり、相手の会社を理解せずに受けた。ごまかしながら面接をしても内定をもらうことは無かった。失敗を経て、逆に自己分析をハッキリとさ

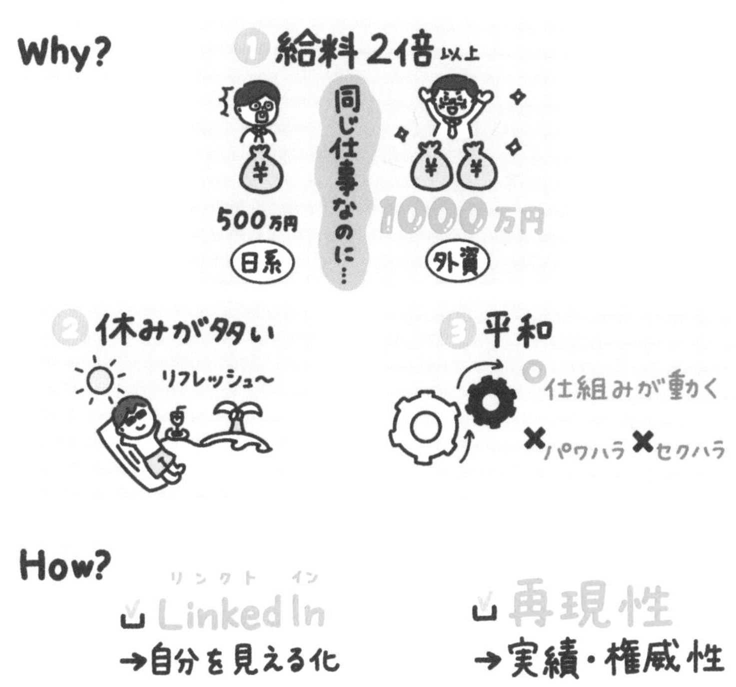

せたことで、今は納得の条件・会社で楽しく働けている。

・**「仕事内容を“自分で”調べるのを怠った**（人事部＆経営者の声を鵜呑みにした）」：前職より基本給が安いが、インセンティブ等を合わせて給与が全体的には上がると見込んで入社。しばらく勤務して部署異動があり、残業禁止の定時上がりの部署に。給料はガックリ下がった。さらに部署異動で所定休日が変わった。

・**「焦りから社員訪問を怠っていた」**：自分に知見が貯まるストック型のビジネス（不動産業界）と聞いて入社したが、現在は心身共に限界を感じ、動悸・不眠症・体力的に疲弊。毎日クレーム電話対応で人格否定をされ、清掃のための野外作業で真夏日に熱中症に。入社前に現場の社員と話してギャップを埋めるべきだった。

・**「口コミサイトを鵜呑みにした」**：会社の選択肢が狭まった。生の声を優先すべきだった。基本は退職者（もしくは予備軍）が口コミサイトを書く傾向なので、ネガティブな評価・内容になりやすい。ネガティブチェック程度に。

転職の失敗談は以上だ。構造化すると、非常にシンプルすぎる原因だと分かる。逆に言うと正しく避けられる。

失敗しないために社員訪問を通じて生の声を聞こう。

次の会社はブランドではなく、長期的視点で選ぶ

成長が見込める業界：アニメ＆ゲーム、半導体、外国人相手のビジネス

貿易赤字を解消するには**外貨獲得**だ。成長に期待したい産業を３つ紹介しよう。日本の未来がかかっている。

・**アニメ＆ゲーム**：日本のアニメ＆ゲームは世界に誇れる産業だ。ゲストハウス経営を通じて30カ国以上の外国人と話したが、ドラゴンボール、ワンピース、ポケモン等の世界的な人気を実感した。新作の日本アニメ映画公開で世界中が熱狂する。

※ ただしアニメとゲームであれば全企業＝無条件にOKではない。川上の企業でないと高収入は狙えない。

・**半導体**：半導体の製造には多数の工程があり、各工程で専門企業が求められる。実はソニー、東京エレクトロン、ディスコという日本の３社は**世界トップのシェア**を誇る。詳しくは東京エレクトロン、ディスコのHP＆決算説明資料をサッと確認していただきたい（ソニーの詳細は第５章）。

・**外国人相手のビジネス**：日本にいる外国人に悩みごとを聞く。セカニチもKoru（宿泊施設）を作る前に、渋谷の外国人に声をかけて紙のアンケートを集め回った。春のオープンに向けて真冬（１月）に外で調査していたので、まさに命を削りながら３日で100人分を集めた。ただし現代では対面アンケー

まだ成長できる業界とは？

トは無理がある（詐欺と疑われる）ので、SNSフォロワー・友達紹介・イベント開催で声を集めるのもOK。

ベンチャー企業への転職は？

ベンチャー、スタートアップと言ってもケース・バイ・ケースすぎて法則性は無い。根本的にはシンプルで、何をするか？よりも、**誰とやるか？**だ。社長が「明日からラーメン屋をやるぞ！」と急に言っても、ワクワクできるかどうか。

社長と株主の人間性も重要だ。どうやって株主を知る？「（会社名）資金調達」で検索。そして株主がどこに投資しているのかを知ること。これは結婚相手の両親を知るのに近い。社長の名前で検索してSNS（Twitter、 note 等）を見て、尊敬できるかどうか。

ただしゴーストライターやPRチームによって“お化粧”もできるので見極めには注意。やはり直接会うしかない。社長に会えない場合は現場に社員訪問。もちろん1人ではなく複数人に会う。人生のパートナーを探すという気持ちで自分の言葉をぶつけよう。

実際に**転職経験者の生の声**を聞いた。
①転職は怖くない。
②気になった求人はとりあえず応募。
③転職は終わりではなくてスタート。
④エージェントは大手のブランド力もあるが最後は人。合わなかったら替えてもらおう。

以上が転職の極意だ。

※ 転職に悩んでいる人は「勤続年数」「年収」をセカニチまでDMしてください。私は転職エージェントではないので直接的な企業紹介はしませんが、社会のニーズが分かると私も勉強になります。皆さまの声を今後の著書等に反映します。

「このまま今の会社にいて良いのか？」と不安を感じている人は『転職の思考法』（著：北野唯我、ダイヤモンド社）がオススメ。唯我さんは新入社員研修で財務の講義をしてくださった（地味な財務という領域でもユーモアを交えて情熱的に）。彼は3年目の若手だったが50人以上の講師の中で最も分かりやすく素晴らしいプレゼンだった。私はあまりにも感動し、すぐに連絡し、翌日に1対1でランチに連れて行ってもらった。今でも尊敬している。

第1～第3章で**会社選び→就職→転職**を論じてきたが、根本的に会社員のサラリーだけに頼る人生は危険だ。

「月給3ヶ月はタダ働き」という言葉がある。給料が上がっても、比例して住民税・所得税が上がり、年収1000万円になると約25%は税金関連で引かれる（＝タダ働き）。

結論、サラリーだけで大金持ちになることは無い。

だから**副業で仕組み化をして、将来的には起業につなげる**。一歩目として副業で成功するにはどうしたら良いのだろう？　次の第4章で一緒に働き方をアップデートしていこう。

第4章

副業で稼ぐ。好き・得意・仕組み化でお金を生む

なぜ副業をするべきなのか？

副業解禁へ進む世の中

「いつまでこんな働き方を続けるのか？」と、私は会社員時代にお金と働き方に悩み、苦しんだ。その後、社会は変わり、あの有名企業も“副業”を推奨している。**政府も国全体として副業解禁を推し進めており、大企業に「社員の副業を認めなさい」と呼びかけている**。実は会社員の副業が増えている。

人生の自由を取り戻すには？ 副業で稼ぐことだ。年功序列・上がらない給料・上司の圧力・満員電車で人生を消耗して苦しんでいる人の力になりたい。この章では**一生使える副業の極意**をまとめた。

「月30万円以上」の副業収入も

セカニチは日々、フォロワーの皆さまの税金・起業の相談に乗っている。副業だけで目が飛び出るほど稼いでいる会社員も多い。本業の給料とは別に**「毎月30万円以上」**の副業収入がある人も現実にいる。

「副業で稼ぎすぎてしまい、税金を真剣に考えるようになった。だから確定申告・不動産・節税・起業に興味を持った」そうだ。確定申告等の相談が来るのは、もちろん１人だけでは無く、多数いる。実際に調査データでも月５万円以上を副業で稼いでいる会社員はなんと全体の50％近くいる。

※「月５万円以上」の副業の月収がある会社員は「48.6％」！　副業の月収の中央値は4.1万円であり、時給の中央値は1883円。正社員が副業にかけている日数は１ケ月あたり９日、労働時間は１ケ月あたり29.5時間となった。出典：「副業に関する調査結果（個人編）」（パーソル総合研究所、2021年）

副業をすべき２つの理由

強気で生きることができる

実は**本業にも良い影響が出る。給料以上の副収入（資産）**があれば強気で生きられる。強気な人は“余裕”がある。資産があるから、本業でクビになっても問題は無い。仕事をしているアピールや上司／クライアントにゴマスリ

30万円以上/月稼ぐ会社員

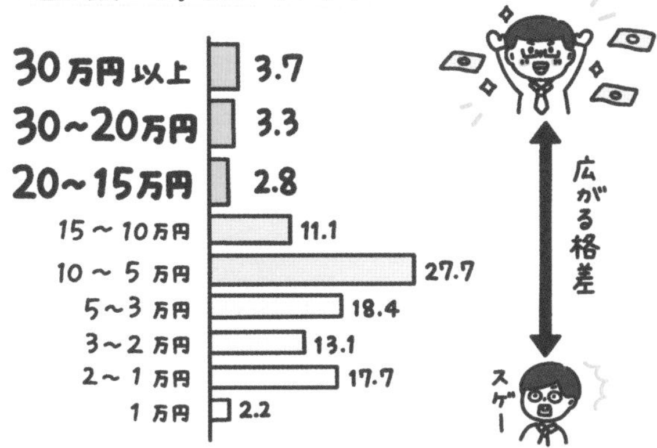

行動しないと損をしている

※出典：副業に関する調査結果(パーソル総合研究所、2021年)(n=1703)

なぜ副業すべき?

1 強気で生きろ

むしろ信頼される ⇨ 出世

2 副業禁止=幻想

- 時代遅れの会社は転職
- 法人を設立すれば…㊙

…という**無駄なパフォーマンスをする必要が無い**。無駄なことにもハッキリNo!と言える。常に**本質的な良し悪しで判断する**強気の姿勢は、強面のクライアントから信頼される（常にゴマスリ人間は信頼できない）。

事実、私がいた大手広告代理店でも**お金持ち家庭出身（強気な人たち）**のほうが部長や局長に出世していた。

※ コネ入社＝出世ではない。人生に強気だから、本質的なことをズバッと提言し、クライアントとの真の信頼関係が結べている。

副業を成功させる5つのコツ

“起業＆副業”と聞くと「リスクがありそう…」と少し怖くなるが、不安になる必要は無い。具体的に何をしたら良いか？ まずは成功のコツを把握しよう。**「5つ」の稼ぐコツ・副業の候補**をまとめた。

①先生（高単価）になる

ピアノの個人指導、筋トレのパーソナルジムは**1時間＝1万円**が都心の相場だろうか。高単価でも需要があるのは、**そのジャンルに“時間”を投資してきた“プロ”だから**。皆さまが1時間＝1万円で教えられることは何だろうか？ 何の道で先生になれるか、今まで使ってきた時間を振り返ろう。

※ あるフォロワーさんは「韓国語の勉強をしています。日本語の勉強をしている韓国人に対して『どんな壁があるか？』を聞いてみました！ ふわっとしたビジョンができたので取り組んでみます♪」と楽しそうに話していた。素晴らしい！ どんな困難・障壁があるかを聞くのが最も大切。小さくても行動すること。

②メディアを立ち上げる

人の注目＆時間を集めることでお金（経済）が生まれる。分かりやすい例は**メディアと広告**だ。テレビは1日も休むことなくほぼ24時間の放送を続け、人の注目を集める。番組の間にCMを差し込み広告費を稼ぐ。分かりやすいマスメディア（テレビ・新聞・雑誌・ラジオ）以外にも、SNS・メッセージアプリ・ゲーム・イベント・チェーン店舗なども現代ではメディアと呼ぶ。SNSでフォロワーが1万人以上いれば、案件・アフィリエイトなどどんな形でもマネタイズは可能だ（SNSの攻略方法はP.117参照）。**要は人の注目＆時間が1ケ所に集まれば、そこにはお金が生まれる**。

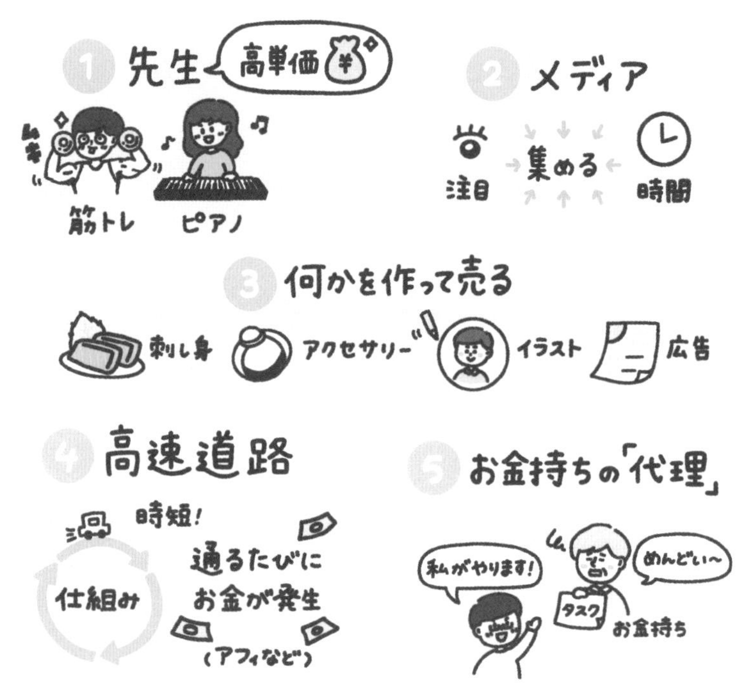

※ アフィリエイト（Affiliate）とは？：要は「広告」。メディア内にアフィリエイトのリンク（URL）を掲載し、他社の製品を宣伝。そのリンクをクリックした誰かが商品を購入（Conversion：CV）すると、メディア主は成果報酬を受け取れる。本書では、以下「アフィ」と略す。

③何かを作って売る

昔ながらのシンプルな例。**仕入れの有無**によって2パターンある。

・仕入れが「有る」：原材料を仕入れる→加工（付加価値を付ける）→売る（料理・アクセサリー等）。例えば魚屋は、魚を100円で仕入れる→加工（捌く）→刺し身を500円で売る。お菓子屋は小麦&砂糖&バターを仕入れてクッキーにして売る。これらの業態では、売れ残ったら損をする**在庫リスクがある**。

・仕入れが「無い」：ゼロから作って売る（イラスト・デザイン・写真・広告・チラシ・プログラミング・ライティング等）。人的スキルで何かを作り、経済（利益）を生む。接客業（ホスト等）も人間のスキルで心の満足を作る。これらの業態では、一般的な道具さえ揃っていれば**在庫リスクが無い**。

④高速道路的な仕組みを作る

時短＝仕組み化。通るたびにお金が発生する、高速道路のイメージ。

例えば決済サービス・サーバー・アフィなど。GMOインターネットグループ、NTT、AWS、リクルートのように“インターネットの道路”の事業を個人でもできればいいが、現実には1人では不可能だ。

個人での再現性がある分かりやすい“道路”の例は、**厳選したまとめ記事**。「買ってよかった新生活アイテム5選」「オススメ投資本ランキング」等をnoteなどで紹介し、商品URLをAmazonアソシエイト（アフィ）にする。読者側が支払うお金は変わらないので、アフィURLでも関係ない。noteで5選にすれば、**読者にとって時短（高速道路）になる**。高速道路を誰かが通るたびに筆者にお金が入る。成功の話だけでなく「転職の失敗5選」などネ**ガティブ方面の時短も需要がある**。買い物の失敗は誰もが経験あるだろう。

人の時間＝経済であり、読者の時間を**代わりにショートカットしてあげることでお金が生まれる**。

「5選」「ランキング」のフォーマットは昔からある**古典的なタイトル**だ。しかしタイムパフォーマンス（タイパ）が叫ばれるようになった現代でも「5つなら見てみようかな」と感じる。結局は**「〇選」「ランキング」という魔法の言葉は効く**。この本質は50年後も変わらない。

※ 実はこの項目自体も「副業を成功させる5つのコツ」だ。

※ Amazonでは「アソシエイト」と名付けられているが、「アフィリエイト」と同じ意味。

⑤お金持ちの「代理」を務める

“面倒なこと”を代行する。分かりやすい例はYouTubeの撮影・動画編集・サムネ作成など。「お金はあるけど影響力は無い…。YouTubeをやりたいけど面倒だ…」とお金持ちの人（企業）が悩むケースは多い。その作業を高単価で代行してあげる。他に家事・料理・事務作業などもいい。

相手をお金持ちに限るのは高単価で効率が良いから。お金が無い人を相手にしても自分が消耗するだけ。相手選びには細心の注意を払おう。お金持ちを見つけるには**営業（＝努力）**が必要だ。過程をサボると、お金持ちのフリをした詐欺師に引っ掛かる。

ここでSNSマーケティングの手本を紹介しよう。②④⑤を満たしているSNSが“E-Housing”だ（e＝オンライン、housing＝不動産）。SNSで世界中の富裕層向けに東京の不動産を紹介している。外国人投資家（お金持ち）は都心の高級マンションに投資をしたいが、内覧する時間が無い。詐欺も避けたい。CEOのErikが目利きをし、短い動画にして物件紹介（内覧の代理）をする。**物件を探す手間と時間がショートカットできるので富裕層から喜ばれる**。Erikは1億円以上の物件しか紹介していない（ときには10億円以上の物件も）。**お金持ちしか相手にしないのは効率的だから**。

まさに円安をチャンスにしたSNSマーケティングだ。風が吹けば桶屋（おけや）が儲かる。受け皿（公式サイト）を作ったら、あとは撮影＆編集のSNS動画の量産体制をつくる。

※ 扱っている物件を無条件に絶賛しているわけではない。あくまでもSNSの手法が素晴らしい、という話だ。もし不動産投資をする場合は“必ず5社以上の比較”が最重要。

※ SNSマーケティングの手本は随時変わる。「セカニチSNSマーケティング」をnote等でアップデートしていく。

以上が副業成功の5つのコツだ。5つのうちどれが「自分に向いている」と感じたか？ あなたが持っている資産（時間）をどう投資するか考えよう。

どんなジャンルで副業するべきか？

「そもそもどんなジャンルで副業をすれば良いのか？」と悩む人も多い。副業のタネを見つける3つの方法を伝授しよう。

①ネガティブな実体験

苦しかった、辛かった、大変だった、苦労した、嫌な思いをした…。

そんなネガティブな感情を持ったら、**あなたと同じ苦しい体験をしている人はたくさんいる**。そのジャンルで**人を助ける仕組み**を作れば、経済を生む。セカニチがお金・投資・働き方の発信を続けているのは、子どもの頃から裕福な家庭ではなく、お金が欲しいと渇望していたから。

「もっと早く正しい投資を知りたかった…」と自分が感じるお金の知識を

noteで無料公開を続けていたら出版の話が来た。そして高単価のセミナー依頼（30分＝5万円以上）が来るようになった。

他人（有名インフルエンサー？）の「せどりがいいよ」というオススメを鵜呑みにしても、あなたは努力が続かない。モチベーションを高く継続するには、**自分の実体験**が最も大切だ。あなたに起きた**ネガティブな出来事＝副業チャンス**だと前向きにとらえられる。どんな分野でも必ず需要がある。

②1歩目は「Amazonアソシエイト」

Amazonのアフィから始めよう。得られる**利益は商品代金の1%前後と小さいが、"良いモノを伝える"というマーケティングの訓練**はあなたの財産となる。何事も小さく始めることが成功のコツ。どんな成功者も1歩目は小さいものだ。アフィの実績・フォロワー数が無いままASP（アフィ紹介サイト）に闇雲に登録してもダメ商品（案件）にしか出会えない。

逆に実績があればクローズドな案件で特単（特別な単価）があることを教えられる。**これが実績の雪だるまだ**。

3大ASPは、Amazonアソシエイト、楽天アフィリエイト、アクセストレード。そのほかのオススメASPは「セカニチ　副業」で検索を。**仕入れで勝負が決まる＝利は元にあり**（P.168参照）。

③クラウドファンディングを見まくる

成功したいなら、**成功事例から学ぶ**。クラウドファンディング（以下、クラファン）のページはビジネスのタネにつながり、モチベーションも上がる。**もしクラファンでお金が集まらないなら、あなたは何をやっても成功しない**。

私自身も自分の会社を立ち上げた際、同年代の人たちが200万円以上を集めている「○○ミュージックバーを作りたい！」というページを見て「負けてられるか！」と燃えた。

ちなみに社会のニーズを知るならココナラ（スキルシェアのサイト）もオススメだ。

副業のタネを見つける3つの方法

① ネガティブな実体験

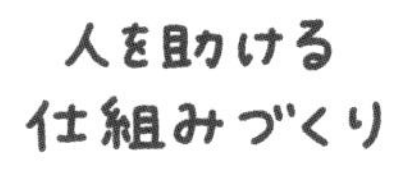

② Amazonアソシエイト

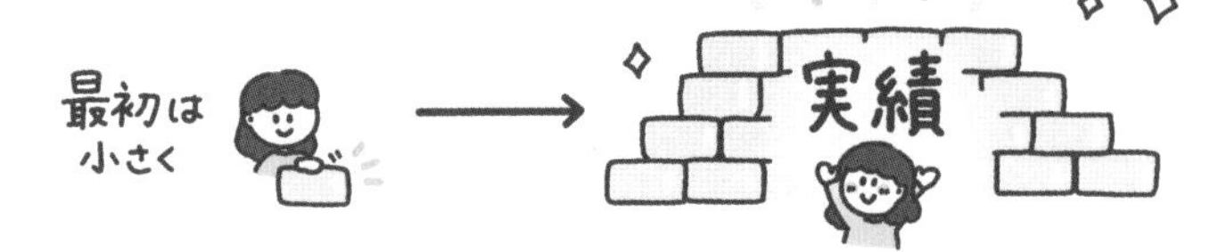

③ クラウドファンディングを見まくる

「SNS」を仕組み化する

権威性（ハンコ）をいかに得るか

何を言うかではなく**「誰が言うか」が重要**。闇雲に発信していても効率が悪い。大切なことは**権威性（ハンコ）**だ。分かりやすい例は以下の４つ。

①企業ロゴ：仕事の実績を見える化。有名企業のロゴは最強のハンコ。

②数字：フォロワー10万人・大会１位・300時間かけた・1000回やった・100人の相談に乗った…等。

③専門家：元◎◎・大学教授・研究者・起業で成功・著書がベストセラー…等。

④士業＆国家資格：弁護士・税理士・医師・薬剤師…等。

SNSの発信をしながら①②のハンコを得られるかを考えよう。もちろん企業ロゴで**ウソの実績を盛るのは詐欺・法律違反**だ。「安心して仕事を任せられる！」と感じさせるのは①企業ロゴが強い。「でも実績が1社も無い…」という人は、**今まで積み重ねてきた時間 or お金の合計値で勝負**だ。「◎◎時間をかけた私が教える～」とすれば分かりやすい。

例：「年200本見る映画オタクが教える～」「毎月の支出の半分をコスメに充てる女が教える～」「1ヶ月で700万円の大損をした投資家が教える～」等。

※ 3番目は、セカニチがよく使う肩書。まさに過去のネガティブな実体験を前向きなチャンスに変換した例だ。ちなみにセカニチの活動を日経新聞から取材していただいた実績もある。

※ 他にも使えそうな数字（実績）の候補：SNSフォロワー数・Impression数・再生数・SNSインサイト情報（年齢層、性別など）・アフィで稼いだ金額・イベントの動員数・第三者から取材されたメディア数＆ロゴ・仕事依頼の単価の目安・相談に乗った人数…など。

仕組み化＝「ボールは疲れない」

「ボールは疲れない」というサッカーの名言がある。人間が走り続けると必ずバテて消耗する。効率的なパスでボールを走らせることが勝つコツだ。**“人間”の代わりに、“仕組み”を走らせる**のだ。

例えばイラストレーターの「LINEスタンプ」は、スタンプが自動的に拡散されて利益が入る仕組みだ（LINEスタンプだけで5000万円の利益を得ている人もいる）。

いかにして**自分が働かなくても、仕組みが働いてくれるか**を逆算し、SNSの投稿を工夫するか。再現性がある例としては「Q&A」が挙げられる（後述）。

人はそんなに食べられない。超シンプルな話だが、SNSの情報が長いと情報を食べきれない。それは動画でもテキストでも同じ。タイパが叫ばれている現代では、**人は常に情報に“満腹”の状態**である。基本はリンゴ1切れしか食べられない。「いかに凝縮するか？」に命をかけよう。

短くて有益であれば、勝手に拡散されていく“仕組み”となる。

※「月曜に会社に行きたくない…」と、日曜の夜に鬱になっていた過去のセカニチ（若手会社員）に強く言ってあげたい。「曜日なんて関係ない。自分じゃなくて、“仕組み”を働かせるんだよ」

SNSの攻略法

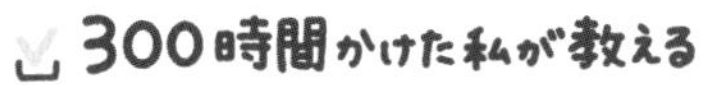

1ヵ月で700万円大損した

料金一覧表

サービス	時間	料金
グラレコ	1時間	3万円+税
ポスター	要見積	5万円+税

POINT ボールは疲れない

仕組みを走らせる

企業実績

ダイヤモンド社	名古屋大学
△△証券	○○ナビ
××飲料	□□新聞

「ピアノの先生」理論

都心の先生のレッスンは1時間＝1万円。**高単価が得られるのはそのジャンルに「時間」を投資してきた“プロ”だから**。もしあなたが何かの教室を開いたら、**集客にはSNSが必須**だ。重要なのはSNSの深さの使い分け。“深い”メディア→note・YouTube。“浅い”メディア→Instagram・Twitter・TikTok・公式LINE…等。

浅いメディアは、深いメディアに流入させる道具だ。SNS発信でフォロワーを増やす努力をしていれば、中小規模の**メディア取材・メディア出演依頼**などが来る。コツコツと広がってフォロワーが増えれば、先生の単価も上がる。もし出版につながったら単価はさらに上がる。

※ 実際、セカニチがそうだった。詳しくは「セカニチ」で検索すると過去の講演の実績などが分かる。
※ SNS の発信はいきなり動画（YouTube）だと継続できない人がほとんど。最初は note & Twitter の組み合わせが良いと感じる。特に note を頑張ろう！

自分の料金表を見える化

もしメニューの無い飲食店に入ったら、「お会計はいくらか…」と不安になり、楽しい食事のはずが不快な気持ちになる。

お金を受け取る側として、**メニュー（料金表）を作るのは当たり前**だ。例えば1時間1万円で△△ができる等、見える化をしよう。(例：ゆんさんの料金表を前頁に載せた。大学院卒業から1年も経たず20社以上の実績がある)

「SNS」マーケティングを仕組み化する

副業を成功させるには**マーケティング（＝売れる仕組み作り）**が欠かせない。実は裏ワザがある。強くお伝えしたいのは**4点**だ。

①北風と太陽理論

「あれを買え！　これを使え！」という強制は逆効果。常に明るくポジティブに。**仲間になりたい、この人（企業）は信頼できる、みんなやっているなら安心だと思ってもらう**。

もし事業（副業）が上手くいっていない人は、「自分が北風になっていないか？」と自戒しよう。ネガティブな強風は無意味、というか逆効果だ。

テレビが強い理由は何か？　思い返せば、社会全体の関心ごとは朝・昼・夕方のワイドショーで何度も繰り返し報道されているという共通点がある。何度も見る＝**みんな話題にしている＆みんなやっている**（と錯覚）＝人間の記憶に定着する。

人生で失敗したエピソードを聞かれたときに「**聞く力のなさ**」を挙げる人は将来大きく伸びる見込みがある。誰しも**最初は北風になって暴走してしま**

うものだ。

セカニチもそうだった。傾聴力が無いまま突っ走って、仲間が誰もついてこず失敗した経験を持つ。だから**相手の話を聞いて信頼関係を構築する大切さ**を理解している。どんな時でも太陽になって心理的安全性を感じてもらうこと。なぜなら**太陽のほうが効率的（ラク）**だから。

※ これは親御さん・パートナーとの「将来の話」でも同じ。親御さんとは早めに「相続と介護」の話をした方がいい。しかし、いきなり北風＆強風で話しても逆効果。これは「実家のモノを捨てて整理しよう」という話でも同じで、北風はむしろ逆効果。内なるモチベを高めるべく太陽のように温かく接しよう。まずは相手を理解して受け入れる姿勢を見せて、信頼関係を構築することだ。「いかに太陽になるか？」を考えよう。

②よくあるQ&Aは仕組み化で回答

よく聞かれる質問をQ&Aでまとめ、URLを素早く渡せるよう準備する。数々の相談にいちいち長いLINEを打っていたら時間は無限に消える。

「やたらと△△について聞かれるな？」と感じたら**サッとnote**にしよう。セカニチはそうやってnoteを積み重ねている。**長いLINEを打つのは、大人になったら卒業だ。**

③ 3Bの法則

人の目を引きやすく、好感を持たれやすい3つのキャラクターを3Bと呼んでいる。3Bの法則を利用すると人の注目を効率良く集められる。

1. 美人（Beauty）
2. 赤ちゃん（Baby）
3. 動物（Beast）

有名企業の派手な広告はだいたいこの法則だ。今日から注目してテレビCM、交通広告などを見てほしい。50年後も100年後もこの法則は健在だ。

※ Beastの正確な和訳は「獣類」で本来は怖めな動物を指す言葉だが、この法則ではBeast＝かわいい犬や猫（キャラクター含）と理解していただきたい。

④ Engagementの作り方

・エサ（メリット）の法則

マーケティングでは**エサ（メリット）の提示**は必須だ。エサの法則と呼んでもいいかもしれない。例えば「ギフト券1万円がもらえる！」など。しかしこの法則を超越する時もある。それは**絆（心のつながり＝Engagement）**だ。

Q　マーケティングの要素分解＝「4段階」とは？
　集客　▷絆（心のつながり）▷　購入　▷ファン化（リピート購入&発信）
Impression ▷ Engagement ▷Conversion ▷ Fan

・最近どの動画を「最後まで」見た？

Engagement（以下、ENG）は、**今のSNSで最重要**だ。YouTubeチャンネル登録者数が100万人いても、ENGが落ちると平均再生が5万回に満たなくなる。チャンネル登録者数やフォロワー数は飾りだ。

※ Engagement（ENG）とは？：あるSNS投稿に対して、フォロワーからの反応（いいね、クリック、シェア、コメント、再生開始、視聴完了率、動画をスキップしない…など）を計る指標。反応＝Engageと理解して良い。SNS内に設置されている"すべてのボタン"＝ENGと考えたほうがいい。ポジティブ/ネガティブどちらも含む。低評価（Badボタン）もENGに含まれる。

例えば**YouTubeの動画では「総再生時間」が最重要のENG指標**だ（体感）。**滞在時間**と言い換えても良い。その人ごとに「飛ばさずに最後まで再生した動画」に関連した別の動画がリコメンド（推薦）される。

チャンネル登録（フォロー）の有無よりも、最近**どの動画を「最後まで」見たか？**　が最重要のENGなのだ。

例えば《Aさん》の《株投資》の動画を最後まで見たら、あなたのタイムライン（以下、TL）には《Aさん》の不動産投資や、Bさんの《株投資》の動画がリコメンドされる。試しにあなたのYouTubeで「1つの動画を最後まで見てTLを更新」という実験をしてほしい。

最重要はENG（特に動画を最後まで見る）だ。YouTubeで「最後までご視聴いただきありがとうございました♪」というセリフをよく聞く。「ありがとう」と言われて嫌な気持ちになる人はいない。だからノーリスクだ。

なぜ感謝を言うのか。それは**あなたのTLに、（自分のチャンネルの）他の動画がリコメンドされるからだ**。そして自分のチャンネルの再生回数が雪だるまのように積み重なっていくと、**再生回数＝数字の権威性となり、企業案件で高単価（1動画＝100万円？）の案件をもらえるようになる**。

あなたが動画を無料で見ていても、裏では大きなお金が動いているのだ。

マーケティング=仕組み作り

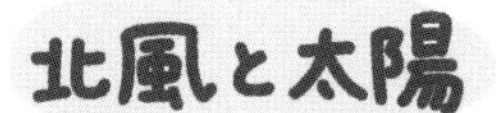

Q&Aを書き出す

よくある質問

まとめる!

note YouTube

3Bの法則

Beauty

犬は強い

人の注目

Engagement

いいね コメント シェア

動画を飛ばさずに最後まで再生した人が多ければ多いほど、高いENGの動画=質の良いオススメ動画とYouTube内で判定される。そしてチャンネル登録をしていない“初めましての人”のTLに突然ポンッと表示される。これが“急上昇”などの波に乗るロジックだ。

今回はYouTubeで説明したが、皆さまが普段見ている**全てのSNSがENG（どの動画を最後まで見たか）を重要視している**ととらえて問題ない。タテ型の短尺動画SNSでも同じ。ちなみにセカニチのTLは、TWICE・ポケモン・筋肉系で埋め尽くされている。

ロジックは分かったが、誰もが「SNSの再生数を増やすための時間&手間をショートカットしたい…」と考えるだろう。

どうしたらフォロワーの皆さまに**最後まで離脱せずに動画を視聴してもらえるか**。そこに魔法はあるのだろうか？

・「最後まで」視聴される動画とは？

その正体が心の絆（Engagement）である。

人の心を動かせるか。厳しい努力の日々や、辛い挫折を乗り越える努力をしたか。人生をかけた挑戦をしているか。

私はなかやまきんに君のYouTubeで一気に心をつかまれた。

彼が努力する姿を見ると涙が出る。大会で優勝した動画では深夜に1人で号泣した。それ以降、私はきんに君がどんな動画をあげても必ず最後まで見ている（サブチャンネルもほぼすべて見ている）。一度もお会いしたことは無いが「きんに君が稼いでくれるなら嬉しい」と本気で考えている。ツライ下半身トレーニング、大会への人生をかけた挑戦のYouTube動画を通じて、私に人生の勇気を与えてくれたことに心から感謝をしている。

皆さまが発信するテーマは何でも良い。**人生をかけて挑戦することは人の心を動かす。これがEngagementの本質だ。**僭越（せんえつ）ながらセカニチの人生を振り返ると、人生をかけて苦しかった挑戦はクラファンだ（「Koru　クラファン」で検索）。その時から、熱量をもって応援してくれる方が増えたと感じる。クラファンへの挑戦は再現性があるのでオススメだ。

・ただし、期待しすぎない

人は他人のことをマジメに見ていない。私は先日、10年ぶりにLINEのアイコンを変えた。自分にとっては10年見続けたもので重要な決断だったが、誰からも連絡は来なかった。現実はそんなものだ。本人にとっては重要でも、他人はマジメに見ていない。

「**動画は基本的に飛ばされる**」と想定したほうがいい。現代人は情報の海に溺れていて、常に満腹だ。動画を最後まで見る人は10％ほどだろう。もし40％を超えるならそれは高いENGで驚異的な動画だ。高いENGは良い上昇気流に乗って再生回数が増えていく。一方で、（ENGが低く）動画が再生されないと心が折れる人が大半だ。それには解決策がある。

動画は最後まで再生されないものだと心の**期待値を“低く”設定**し、ストレスを感じないこと。SNS攻略＝継続は力なり。**良い事例から学び、コツコツと改善を重ねるのみだ。**

・まずは「失敗の開示」からスタート

ENGを高めるために**失敗の開示は効く**。なぜなら**失敗＝“時間の投資”のエビデンス**だから。毎日車を運転する人ほど、何かしらの罰則（駐車禁止など）を受ける確率は高くなる。逆にゴールド免許とは、運転をしないエビデンスになっている（罰則を推奨しているわけではないが）。

失敗がない＝時間を使っていない＝プロではない。時間を使えば必ず失敗談がある。そして**あなたが失敗を開示すれば、視聴者の「応援したい」という共感を生んで、心の絆（ENG）が強固になる**。

きんに君だって自分が敗退して悔しい大会結果も開示している。一般人は恥ずかしくて公開できないので、**失敗を開示するだけで平均以上になれる**。

失敗談はポジティブにとらえて、自分から開示しよう。

※ 以上、YouTube等のSNSに関する数字＆ロジックは、公式にはすべてがブラックボックスとなっている。SNS運営社は攻略されることを最も嫌うのでロジックの公開は100年後も無いだろう。あくまでも私の5年以上の経験値・実体験、多くのSNS発信者からの聞き込み調査に基づく。

「メディア」マーケティングを仕組み化する

「TV大好き」日本人

若者のTV離れと言われて久しい。私は配属ガチャでTV-CM枠のバイイング担当になり、日本全国の民放114局の視聴率を毎日見続けた。2012年以降、TVの視聴率（HUT）は右肩下がりになっており、若者のTV離れを数字で実感した。

※ HUT：総世帯視聴率。要はTVを見ている世帯の合計。「Households Using Television」

一人暮らしの家にTVが無い、という10～20代も増えている。しかし**TVの影響力はいまだに絶大**だ。なぜか？ **その正体は「切り抜き」**だ。

セカニチは日本テレビ系「月曜から夜ふかし」に3回出た。もちろんオンエア当日は「TV見たよ！」と高揚したテンションのDMを何十件ももらった。しかし高揚はあくまでも刹那的・瞬間風速であり、1ヶ月したらほぼ全ての人が忘却している。人間は「忘れる」生き物だ。

ところがオンエアから1年以上が経ったあるとき、10代の若者から「セカニチさんをTVで見ました！」と言われた。若者のTV離れにもかかわらず、スマホが大好きな10代が1年以上前のTVを見る？　不思議だ。よく聞くと「SNSに違法アップロードされた切り抜きが自分のTLに回ってきた」とのことだ（本人の意思ではなく勝手にTLでオススメされた）。なるほど、そういう「時差」もあるのか。

TVの信頼性は高いそうだ。短尺動画のSNSでは、オチも無く時間を浪費されることが最も嫌われる（雑なYouTubeの切り抜き等）。TVであればしっかり編集されており、短いオチもついているので好まれる。もちろん切り抜きが視聴率（HUT）に反映されることは無く、数的に影響力を可視化できない。家にTVが無くても切り抜きで触れる。TV大好き日本人。

これからも若者のTV離れが叫ばれるだろうが、どんな時代になっても**TVの影響力が衰えることは無い**と感じる。

※ もちろん違法アップロードは犯罪であるし、推奨しているわけではない。しかしながら「TV露出は切り抜かれて拡散される」「TVが元になっている短尺動画は信頼して見られる」という現実がある。

マーケティングのコツは「みんなやっている」

繰り返すが、TVの影響力はいまだに絶大だ。みんな話題にしている（と錯覚される）からだ。昼〜夕方のTVのワイドショーで**同じテーマを何度も繰り返し報道すれば国民全体の世論を動かせる**。TVで何度も放送され、ネットニュースにもなり、短い記事や動画がSNS等で拡散されていく。

みんな話題にしている（と錯覚される）現象は、我々は利用するしかない。これはチャンスだ。例えばみんなが買っているという演出は「1秒に1本売れている！」。レジャー施設が稼ぎたければ「GWは久しぶりの家族サービス！（みんなやっている）」という演出をする。

SNSフォロワーを増やしたいなら、メディアの波を利用する。波を知るにはTwitterのトレンドワード、YouTubeの急上昇は常に見ても良い。

「バンドワゴン効果」とは、**多数の人が支持している物事に対して、よりいっそう支持が高くなる現象**である。これは営業にも恋愛にも使える。

「TV大好き」日本人

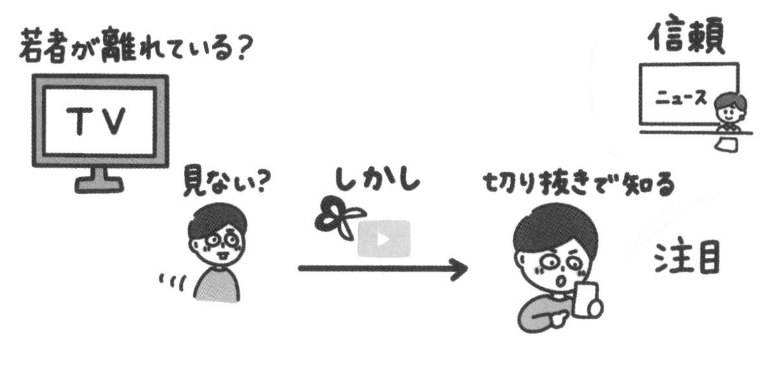

今、話題の〇〇！

みんな買っているランキング1位

メディアの影響力は、今も絶大

「モチベーション」が最重要

モチベを保つコツ

副業を続ける重要なマインドセットを紹介しよう。モチベーションを保つ4つのコツだ。

・**“鮮度”が命**：すぐやる。後回しにしない。モチベは生モノであり、明日には消滅する。鉄は熱いうちに打つ。**本を買ったなら最初の１ページだけでもその日のうちに読む**。買っただけで満足する状態は卒業しよう。鮮度は必ず消滅してしまう。

・**“掃除” する習慣**：タスクが後回しになってくると、部屋にホコリもたまる。全てが後回しになっている危険な状態だ。掃除をするとあらゆることへのモチベが上がる。未読メールや未返信LINEもなくなる。部屋がキレイな状態が当たり前だと「未着手タスクがあると気持ち悪い」と感じる。日頃から掃除の習慣が大切だ。逆に言うと、**掃除ができない人とは起業／副業では取引をしないほうがいい**。スケジュールもお金も管理できず、あなたは必ず被害を喰らう。

・**宣言をしよう**：ほとんどの人は宣言をしない。**達成できないと恥ずかしい**からだ。「言わない方がかっこいい」は結果的に自分が損する。非難されても恥ずかしくてもいい。それがエネルギーに変わる。腹筋を割りたければ「○月までに腹筋を割る！」と具体的な期限とともにSNSで宣言する。私は「○月までに腹筋が割れなかったらLINEも含む全てのSNSを削除します」と全SNSで宣言をした。結果、バキバキに割れた腹筋は今でも健在だ。

・**仲間とほめ合おう**：成功者の共通点は**人から助けてもらっている**ことだ。困った時に「困っています！」とハッキリ言える人が成功する。「頼れない性格だから…頼るのはダサいから…」この考えは大人になったら捨てよう。

同じ志を持ったアツい仲間は大切だ。受験生が1人で自習室にこもっていても、実は集中力が続かず、効率が悪い。同じ目標を持つ仲間を巻き込み、お互いに努力を報告し合う。そして**仲間同士でほめ合おう**。

人間は単純なもので**ほめは効く**。

2つの副業対策

変なことさえしなければ**あなたの副業が勤務先にバレることはほぼ無い**。2つのことに気を付けよう。

①確定申告

《個人》「住民税に関する事項」の欄で、「自分で納付」に○をつける。個人での住民税が増えなければ、所得が増えていることに気付くことは無い。

モチベーションのコツ

◎後回ししない

◎掃除

本を買ったら
当日中に読む!

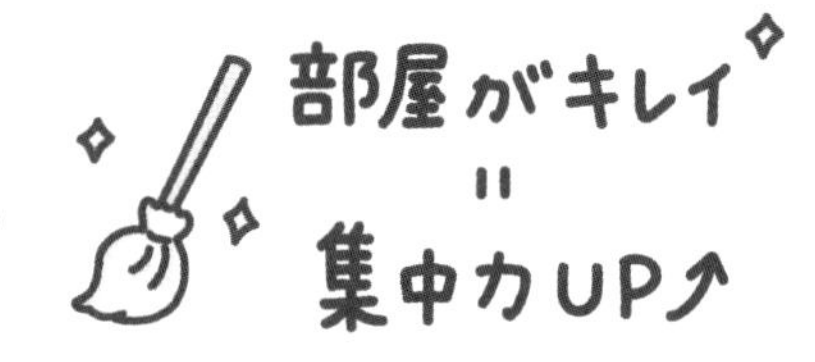

◎宣言しよう

勤務先があなたへの副業の疑いを持つことはまず無い。

《法人》さらに防衛するなら、副業の売上を入れるハコとして法人を設立する。そして法人→個人への**役員報酬を出さない**。利益が出ても、法人に留める。代表者の個人所得がなければ、勤務先の源泉徴収のみで終了するので、個人の確定申告すらも不要だ(法人の決算は年に一度必須)。

②秘密にする

副業していることや法人名を誰にも言わない。口は災いのもと。"人からの嫉妬"が最もリスクだ。儲かっている自慢や法人名を話すと、同僚や先輩から"妬み"によって勤務先に通報される。法人名を口外しなければ、ネット等で調べようが無い。

もし仮に法務局のサイトで**法人名で検索をしても**、登記の住所が出てくるだけで、**代表名や株主名は出ない**。登記簿には記載されているが、そこまで手間をかけて取得されることは無い（よほどの妬みがなければ）。**他人からの妬みに気をつけること！**　自慢してはいけない！

強気で仕事をするとどうなるか？　私は本業で最高評価の査定をもらっていたが、自分が本当にやりたいこと（セカニチとKoru）を見つけたので会社員を辞めた。社内TOP5の役員に「辞めます」と言ったら最初は引き留められたが、「**もう自分の会社を作りました**」と言ったら、「いいじゃん！」と応援してくれた（副業禁止ルールなのに）。

もちろんこれは例外かもしれないので、副業バレ対策は自己責任で行っていただきたい。

しかしもし副業禁止が理由でクビになるなら、そもそもあなたは勤務先から必要とされていないということだ。だったら**自分から辞めて場所を変える方がお互いに幸福になれる**。

副業解禁へ！　社会は変わる

あの有名企業が「副業OK」に！

社会は変わった。有名企業も副業を《推奨》している。実は知らないだけで、会社員の副業が増えている。ソニーG、ダイキン工業、リクルートHD、サイバーエージェント、キリンHD、東京海上日動火災保険、ヤフー（ZHD）などが副業OKになった。

※ 副業・兼業認める企業が49.6%。副業や兼業を導入する理由→「社員の収入を補填するため」(43.4%)、「社員のモチベーションを上げるため」(37.5%)、「社員にスキルアップしてもらうため」(33.8%)

国が「副業解禁」を進めている

勤務先による副業の制限はNGだと、国が強くメッセージを出している。

若者が有名企業に希望を持って入社しても、数ヶ月後に死んだ“家畜”の目で深夜残業で疲弊している姿をたくさん見た。“社畜”とは言い得て妙だ。誰もがうらやむ有名企業で高年収を得ても、不幸になる若者は多い。だから

社会は変わった！

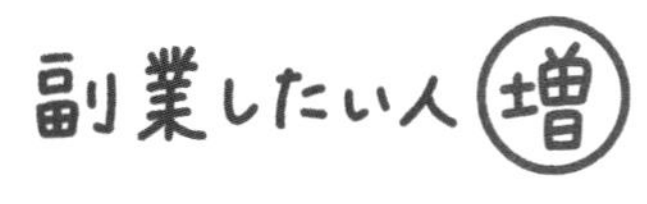

有名企業、副業OK

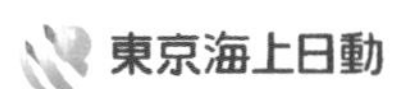

CyberAgent

他にも多数

こそ副業で自分の資産を作って、やりたくないことや無駄なことをつき返してほしい。輝いていた目を取り戻してほしい。そして最後はセカニチのように、会社員という社畜のオリから抜け出してほしい。副業したい人は急増している。

その理由は本業以外の収入を得たいがダントツで、次いでキャリア開発への期待が多い。自分の将来は自分で守るしかない。

※ 出典：副業制限なら理由公表　厚労省、解禁加速へ企業に要請（日本経済新聞、2022年6月）
※ 副業を始めたい20代会社員は7割以上！ 20代男「すぐにでもしたい・いずれしたい」76.0%
※ 出典：副業の潜在ニーズに関する意識調査（パーソルプロセス＆テクノロジー株式会社、2020年）

副業でスキルの資産を形成できたら、次は何をすれば良いか？

金融資産・不動産資産の形成を目指して投資だ。新NISAは皆さまにとって大きなチャンス。第5章では**お金と投資の知識**をアップデートしよう。

column 01

人生を２倍にする裏技

幸福になる方法…「**スマホ＆広告を断ち切る９カ条**」を紹介しよう。

あなたは時間を盗まれている。気付かないうちに人生で最も時間を使わされているのが**スマホ**だ。家に置いて出かけた時にソワソワするなら、タバコと同じような依存症で危険だ。今すぐ断とう。

西武・高橋光成投手は「スマホ絶ち」でガラケーに替えてから絶好調。

「スマホを手放し、気持ちと脳をリセットした状態で試合に入れる」。

①SNS：アプリを徹底的に削除し、SNSのフォローを０に。中途半端ではなく「全員外す」。私は友人関係のSNSは１人も見ていない。

②触れないBOX：Kitchen Safe（タイマー付きのBOX）で物理的に触れられない仕組み化を。集中時は３時間以上の鍵をかけてトイレの収納へ。

③睡眠：起床直後のSNSパトロール習慣は卒業だ。ベッドから半径3m以内はスマホの侵入禁止。アラームはスマホではなく、アナログの時計で。

④ウェブサイトブロッカー：SNS等を開けないよう制限できる。

⑤広告（アド）ブロッカー：280blocker（スマホ）・Adblock Plus（PC）。

⑥サクラチェッカー：Amazonの嘘レビュー（広告）を排除。

⑦音声：文字を打つ時間を短縮してスマホ・PCを触る時間を減らす。音声書き起こし・ボイスチャットの精度は向上した。英語圏では日常的。

⑧Video speed controller：全動画（ラグビー・TVer等）を２倍速以上で観る（PCブラウザのみ）。Xで10秒飛ばし。日本のテレビは3.5倍速でも分かる。アプリでの動画視聴は速度が遅い＆広告強制が時間のムダだ。

⑨そもそも持ち歩かない：私は週２回、スマホレス生活だ。家に置いたままシェアオフィスへ。財布はオートチャージの交通系ICカード１枚のみ。ノートPCがあればLINEはできる。電話が頻繁に来る人は、そもそも電話が来ないようnote等の仕組み化が必要だ。**スマホを持ち歩かない（スマホレス）**は、必ず未来のトレンドになるだろう。だから私は**時間持ち**なのだ。

※ 詳しくは「捨てる　セカニチ」「時短　セカニチ」で検索してください。

第5章

長期投資でお金持ちになる

「新 NISA」は国の未来を変える

日本最強の「お得」制度

2024年1月に**「新 NISA」が誕生する**。結論、**日本 No.1 のお得な制度**なので全国民が活用するべきだ。最も大きい話は、**恒久化**と**年間の枠が 360 万円に拡大**されること。この機会にぜひ、セカニチのオススメの楽天証券から NISA の口座開設をしよう（楽天銀行も使いやすい）。

お金に余裕がある人は優遇された良い枠をフル MAX で使うべし。お金に余裕が無い学生でも少額（月1000円～）から始めたほうがいい。お金持ちになるために「投資」は必須だ。

※ NISA とは？：少額投資非課税制度。株式や投資信託を売って得た利益が非課税となる。通常は得た利益に対して 20.315%（住民税・所得税・復興所得税）が課税される（例：株式で 100 万円の利益を得ても、約 20%課税され、手元に残る利益は約 80 万円に減ってしまう）。

そもそも投資とは**20年以上の長期的視点**で行うべきものだ。株・投資信託・不動産、すべて長期投資が大原則だ。**10 年以内の短期売買は投資とは呼べない、ギャンブルにすぎない**。そして人類は**ギャンブルを繰り返すと欲が暴走し 120%負けて大損する**。我々はお金が無くなるまで止めない欲の塊・サルなのだ（私も含めて）。だから一度買ったら20年以上は売り買いをしてはいけない。成功の鉄則は**「株を買ったら気絶」**だ。

事実、世界で最も支持されている代表的な指数・**S&P500（アメリカ株）は世界最強 500 社のエリートチーム**であり、**直近 30 年間で約 9 倍**になっている（434ドル→3840ドル）。世界 TOP4（Apple、Microsoft、Google、Amazon）が地球全体に欠かせない存在になっているので右肩上がりの成長は当然だ。もちろん短期的に一時的な暴落（コロナショック等の凹み）が発生することはあるが、**20 年以上の長期投資であれば右肩上がりとなる**（歴史が証明している）。そして NISA で得た利益は**非課税**だ。

※ 株価の歴史の証明は、前作に載せたチャートをご参照いただきたい。[セカ本① P.39 参照]

結論、**日本人の投資の必勝法＝長期投資 & NISA** だ。

「短期でも儲かる○○がある」「NISA はリスクが大きいから、別の○○がオススメだ」という声を SNS や喫茶店で見聞きするが、**変な手法をオスス**

新NISA（ニーサ）とは？
（2024年1月〜）

	これまで		新NISA	
制度の種類	どちらかを選択 一般	or つみたて	併用できる 成長投資枠	& つみたて投資枠
年間投資枠	120万円	40万円	合計360万円 240万円	120万円
非課税有保期間	5年	20年	無期限	
投資枠上限	最大600万円	最大800万円	生涯投資枠1800万円（うち成長投資枠1200万円）	
制度利用期間	2023年まで	42年まで	恒久化（無期限）	

18歳以上なら必ずやるべき神制度（少額でもOK♪）

メモ

メする人は**馬鹿か詐欺師**の2択だ。

S&P500は直近40年では約26倍に、直近50年では約64倍になっている。資産が64倍になったら誰でも嬉しいだろう（私も）。医学の発達・喫煙者の減少に伴い、日本人の**人生100年時代**は現実的だ。我々は100歳まで生きる前提で人生設計をする必要がある。私は現在33歳なので人生はあと67年前後ある。50年先の資産も見据えなくてはいけない。

インデックス投資（S&P500等）は誰にでもできるので、**50年後に64倍の資産**も現実的な可能性として存在する（64倍になったら嬉しい）。

必勝法＝長期投資だから、従来の**"期限付き"NISA制度には根本的に違和感があった**。一般NISAは5年の期限で開始したが、短すぎる期間は本質的な投資とは呼べない。NISA開始から10年も経って恒久化になったが、**最初から恒久化すべきだった**。私たち現役世代は5年や20年で死なないことは最初から分かっていた。私の人生は残り50年以上もある。

従来の一般NISAとつみたてNISAが分かれているのも意味不明かつ分かりにくいと最初から指摘されていた。後からのシステムの変更は、社会全体に3M（ムダ・ムラ・ムリ）を生み出している。システム構築に投下される国民の税金がムダになり、国民が損をしている進め方だ。

過去のことは嘆いてもしょうがない。投票で政治家を選んだのは私たちの責任だ。政権与党の進め方には疑問が残るが、長く議論されていたNISAの抜本改革が、やっと動き出す。**新NISA制度そのものには大賛成だ**。我々は2024年1月から新NISAを活用するべきだ。

「太っ腹」の制度改正はなぜ行われたか？

Q　政府に個人情報を悪用される？　なんか怪しい？

結論、**悪用は無い**。国民を優遇する**明確な理由がある**ので安心していただきたい。**日本政府は“国全体の成長”を望んでおり、国民全員が豊かになってほしい**という願いが根本にある。それが政治の本来の役割だ。「太っ腹だから怪しい」ではなく、そもそもの**政治の存在意義**を果たしているにすぎない。皆さまのNISA口座を監視・悪用・だます詐欺ではない。

お金とは**人体の血液**にたとえられる。ぐるぐると**循環してはじめて健康的な身体となり**、豊かな人生が歩める。血液が同じ場所に留まったままでは人間は必ず死ぬ。各家庭のタンスに留まったままの預金が“死に金”になっている状態は、日本国にとって健康的ではない。日本国の未来の発展・国民の幸福度の最大化のために、およそ**30兆～80兆円あると言われる日本のタンス預金を改革したい**のだ。

人間⇔血液と、国⇔お金の関係は全く同じだ。

※ 定年後のタンス預金を奪おうという話ではなく、全国民に利益を得てほしいという思いだ。皆さまの親御さんにも伝えてあげてほしい。

事実、イギリスではISA（イーサ）という制度が1999年から先行して発達している。イギリス国民の資産を増やすために作られた制度だ。現在のISAの年間の枠は約320万円、もちろん非課税の制度は恒久化されている。2022年には、**残高が100万ポンド以上（1億6000万円以上）のISA長者が1480人いる**と報じられた。日本でも**20年後には2億円を超える“NISA長者”が生まれるだろう。**新NISAを活用しないと機会損失だ。

NISA人気ランキング

新NISAでも結論は変わらない

不動の1位＝S&P500

順位	ファンド名称	純資産残高（億円）
1	eMAXIS Slim 米国株式(S&P500)	14911
2	楽天・全米株式インデックス・ファンド	6910
3	eMAXIS Slim 全世界株式（オール・カントリー）	6783
4	SBI・V・S&P500インデックス・ファンド	6720
5	eMAXIS Slim 先進国株式インデックス	3676

※QUICK資産運用研究所の情報をもとに、著者が作成

※ ISA成功をモデルにして、先頭にNipponをつけてNISA＝日本版ISAという制度名になった。日本では2014年から始まっている。ISA：Individual Savings Account（＝個人貯蓄口座）

何の商品を選ぶ？ NISA人気ランキング

では何の商品を選べば良いのか？ みんな大好き“人気ランキング”の発表だ。1位が全てを物語っている。

ぶっちぎり人気No.1はS&P500のインデックスファンド（投資信託）だ（上図）。私の推奨も1位の商品だ。結論は前作から全く変わらない。ドルコスト平均法によって時間分散をするなら、**商品分散をする必要は無い**。最も効率的に稼いでくれる1商品にするべきだ。前作をまだ読めていない方向けに、どの商品を買うべきか再掲しよう。本書では**iDeCo・企業型DCの解説は省略するが、節税にもつながるので“推奨”だ**。

▽楽天証券▽

◎ eMAXIS Slim 米国株式(S&P500) ▷ [NISA]

◎楽天 全米株式ｲﾝﾃﾞｯｸｽ・ﾌｧﾝﾄﾞ ▷ [iDeCo]

▽ SBI 証券▽

◎ SBI-SBI･V･S&P500 ｲﾝﾃﾞｯｸｽ・ﾌｧﾝﾄﾞ ▷ [NISA]

◎ eMAXIS Slim 米国株式(S&P500) ▷ [iDeCo]

※ 証券会社によって取り扱いの商品の幅が異なる。私は楽天証券＆楽天銀行を推奨。

※ 大企業勤務でマッチング拠出があるなら、iDeCo よりも企業型確定拠出年金（企業型 DC）を最優先に。

新 NISA になっても結論は変わらない。**上限 MAX・毎月一定の金額で S&P500 を買い続ける**。答え合わせは 30 年後だ。**NISA・ドルコスト平均法・インデックス・S&P500・iDeCo・マッチング拠出・企業型確定拠出年金（企業型 DC）**…など、重複するので詳しくは前作をご覧いただきたい。「つみたて NISA」を脳内で「新 NISA」に変換して読み進めていただければ OK だ。［セカ本① P.80 参照］

VTI、オールカントリーってどう？

「全米（VTI）ってどう？」「全世界（オールカントリー）どう思う？」。

セカニチの SNS でも頻繁に DM・質問をいただくので右にイラスト化した。**濃くて甘〜い原液を…わざわざ薄めるのか？**　そんな必要は無いだろう。

やはり、S&P500 が良い。世界 TOP4 の強さが顕著だ。余裕資金であれば Microsoft と Apple の個別株を“外貨決済”（円安へのリスクヘッジ）で買っても良い。私は永遠に Microsoft 推しだ。

S&P500 と、全米 (4000 社) = VTI は、ほぼパフォーマンスが同じだ。

【10 年間】S&P500(500 社) ▶ 2.87 倍 、全米 (4000 社) ▶ 2.78 倍

0.09 倍は誤差。VOO = VTI と理解して OK。上位 500 社と下位 3500 社の影響力に差がありすぎるから、似たパフォーマンスになる。不純物を入れる必要はないので S&P500 が良い。

もし無名企業が急成長したら、自動的に S&P500 に入るので、**Buy &**

『VTI』『全世界（オールカントリー）』ってどう？

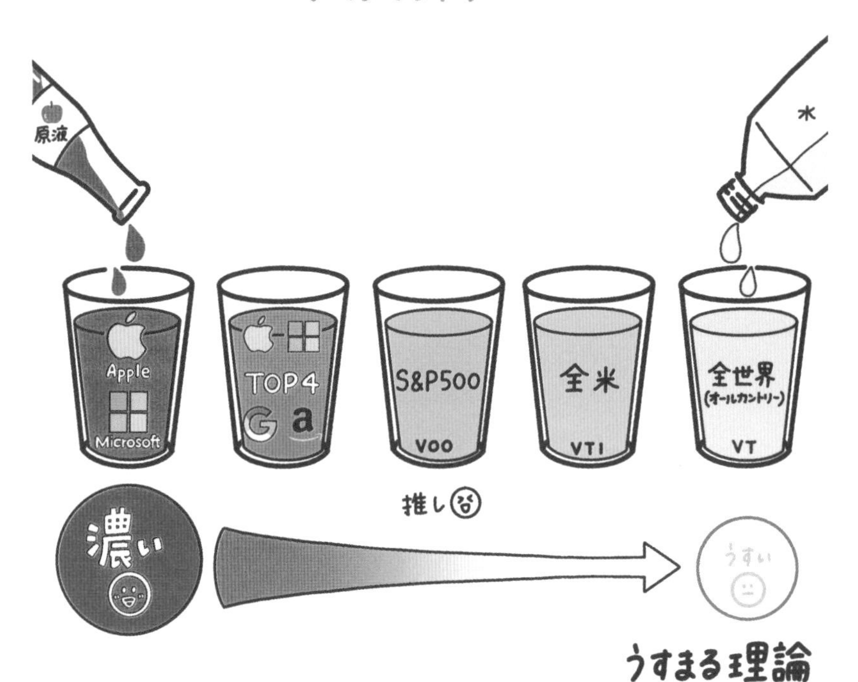

Holdでほったらかし（気絶）が最適解だ。

※ ちなみにオールカントリー・先進国インデックスの中身を見ると、最も稼げるアメリカ株の比率は７割に留まっており、残り３割は日本・中国・フランス・イギリス・カナダ等が組み込まれている。欧州や中国に縁があったり、欧州・イギリス・カナダのクリーンエネルギー政策に興味関心がある人はオールカントリーでも良いかもしれない（中国も入っているが）。もしクリーンエネルギー政策に本気なら個別株を買って応援してもいい。

投資とは時間のゲームだ

「時間」を味方につける

超がつくほどの大金持ちになれるタイミングは、人生に２度しかない。
①生まれた瞬間、②結婚する瞬間だ。
もしあなたが超お金持ち家庭に生まれておらず、大金持ちと結婚する予定

もないのなら、20 ～ 30 年という**“時間”を味方につける**しか必勝法はない。

（超はつかないが）**誰でもお金持ちになる方法はある**。20 ～ 30 年後に大きな資産を手にできる。長い時間をかければ**再現性はある**。

私の出身家庭は超お金持ちではないから、今から行動するしかない。過去に戻るタイムマシンは無い。

投資家は「カメ」になれ

「カメ」となるコツコツ戦法しか投資成功の道はない。時間をかけて正攻法で積み上げる。正しく勝つには時間がかかるが、逆に言うと**時間を味方にすれば誰でも勝てる**。

ドルコスト平均法＝毎月、**一定金額を一定期間**でコツコツ投資し続けるのみだ（例：毎月 5 万円を毎月 25 日に必ず買い続ける）。

世界最強のドルコスト平均法とは？ 詳細は［セカ本① P.66 参照］

「詐欺師」を撲滅せよ

投資詐欺の手口

投資詐欺は社会から無くならない。どんな時代も皆さまの近くに詐欺グループは必ずいる。詐欺の 9 割はポンジスキームであり、入れたお金は二度と返金されることは無い（犯罪として立証もできない）。**FX・バイナリーオプション・仮想通貨・NFT の必勝法を謳（うた）った詐欺の勧誘**も無くならない。

「あなただけ、今だけ、確実に儲かる」はすべてポンジスキームの詐欺だ。

マッチングアプリ・SNS を悪用する美男美女の写真を使った**ロマンス詐欺（＆美人局＆恐喝）**も増え続けている。その美男美女の写真はニセモノだ。レンタルした高級車・高級時計・札束で憧れを作り、高級ホテルと高級寿司で情弱の若者を釣る。証券口座のスクショ（利益の証拠）はフォトショで加工できる。Amazon で「札束」と検索したら誰もが驚く。SNS のお金持ちアピールは SNS 釣り詐欺だ。

無知な若者が儲かっている投稿（ダミーの札束）に釣られ、**高単価の闇バイト**を魅力的に感じてしまい、高齢者のお金を奪う。**詐欺の受け子になる事**

件も増え続けている。悲しい被害に遭う高齢者を増やすわけにはいかない。私たち全員で高齢者を守らなくてはいけない。

社会情勢の不安につけ込んだ**給付金詐欺**なども頻発した。詐欺グループの末端（受け子）は使い捨てで切り捨てられる。「給付金の受け子は犯罪にならない」と言われて信じてしまった（もちろん犯罪）若者も多い。しかし**逮捕されるのは末端だけ**だ(主犯は捕まりにくい)。釣られて逮捕された"無知"な若者の本名&顔がネット上に一生残る。悲しい事件を防ぐために私たちは1人1人が若いうちから正しいお金の知識を身につけるべきだ。だから私はお金の投資の発信を続けている。

ポンジスキーム等の詐欺を見分ける方法で最も簡単なのは、**金融庁に登録があるか**どうかだ。人からお金を預かって投資するには、金融庁に登録が必要だ。「免許・許可・登録等を受けている業者一覧」というページがある。その登録リストになければ詐欺業者だ。

そもそも"勧誘"をしている時点で120%詐欺だろう。もし友達から勧誘されたら北風と太陽の作戦を使って目を覚まさせてあげよう。

※ ポンジスキーム：[セカ本① P.112 参照]

※ 詐欺の被害に遭ったら、泣き寝入りせずに「警察庁・SOS47 特殊詐欺対策ページ」と「消費生活センター」に相談をしよう。私のフォロワーは被害額の一部を取り戻せていた。

「金融教育」が国の成長に直結

人間はエサ（メリット）が無いと動かない。新NISAをキッカケに将来の2億円（NISA長者）を目指して、10代から高い金融リテラシーを持っていただきたい。それがセカニチの願いだ。

金融庁は正しい知識を国民に持ってほしいと毎年様々な取り組みをしている。高校の家庭科で資産形成の授業（金融教育）がスタートしたが、日本人全体の金融リテラシーが上がるには時間がかかりそうだ。中高生のご家族がいるならセカニチの本を推薦してほしい。

セカニチは一生をかけて、正しい知識だけを発信し続けたい。

※ 金融庁のオススメページ：「基礎から学べる金融ガイド」で検索。小学生でも分かるお金の知識が網羅されている。https://www.fsa.go.jp/teach/kou3.pdf

本当の意味での「FIRE」とは？

FIREは可能なのか？

FIREという言葉はしばしば詐欺に使われる。魅力を感じてしまうのは危険だ。仮に詐欺ではないとしても、**年間支出の25倍の資産を築くのは至難のワザだ**（FIREでよく聞く25倍・4%ルール）。世界最高のパフォーマンスであるS&P500でも26倍になるまでに40年かかる。

結論からいえば、誰でも簡単に儲かる上手い話は地球上に存在しない。

家賃ゼロの田舎で仙人暮らしをするならFIREは可能だが、そんな若者は一度も見たことが無い。

そもそも「FIREしたい」を正しく翻訳すると「今の仕事&上司から逃げたい」だろう。もし今の仕事が楽しければFIREなんて目指さない。そんなに仕事がつまらないなら会社を辞めるべきだ。

私たちは**つまらない上司&クライアントにゴマをするために生まれてきたのではない**。本当にやりたいことがあるなら今すぐやる。やりたいことが無いなら、やりたいことを見つけるためにお金を使おう。**人生の時間は有限だ**。

※ FIRE＝“Financial Independence, Retire Early”の頭文字で、経済的自立・早期リタイアを意味する。

「仕組みで稼ぐ」or「不動産をゲット」した場合のみ可能

繰り返すが、**金融商品のみでのFIREは不可能**だ。金融商品は人生のサイドディッシュでしかない。最も大切なことは、自分が動くのではなく仕組みで稼ぐこと。（P.116参照）

再現性のあるFIREとは？　答えは2択、「**仕組みで稼ぐ**」or「**不動産をゲット**」だ。この2つは本当の意味のFIREだと呼んで良い。

原価ゼロ円で東京都心（以下、都心）の不動産を両親から相続したら人生あがりだ。日本の食は安くて美味しく、消費者として過ごすには世界No.1の国だ。街中が清潔なのに安い国は世界中でも日本だけ。基本的に物価は安い国だが、残念ながら家賃は一生の費用（LTV）だ。

※ LTV（Lifetime Value）:「顧客の生涯価値」とは“一生に使うお金の合計”と理解してOK。例えば「1日の食費＝3000円」を寿命83歳で死ぬまで毎日と仮定したら？ 食費のLTVは3000円×365日×83年＝約9000万円。サブスク系のサービスはLTVで価値を測っている。

もし一生賃貸のままで家賃を払い続けるとLTVはいくらだろうか？

私は非喫煙者で健康的な食生活をしているので人生100年の想定で計算しよう。私が20代で住んでいた港区・東麻布の賃貸マンションは家賃11万円で、2年に1度の更新料（1ヶ月分）も取られる。私は22歳から港区に住んでおり、寿命100歳まで一生賃貸とすると11万円×12ヶ月×78年＋11万円×39回＝**1億725万円が家賃のLTV**だ。

つまり我々は20代で都心に移り住んだ時点で約1億円の重り（家賃）を抱えている。そして家賃を払うために労働する（私がそうだったように）。

両親から都心の不動産が相続されない人は、**自力で不動産の資産（仕組み）を構築する**しかない。

そのためには**借金＝未来に行くタイムマシンを使う**。正しいお金の使い方であれば会計上でも負債（借金）＝資産となる。

ここからは人生最大のお買い物である**“不動産”の仕組みで稼ぐ方法**を正しくアップデートしていこう。

「不動産」が円安でチャンス

人生最大のコスト＝「家賃」を収入に変える

人生で必ずお金を払うものは？ **衣・食・住・働・学・楽**の6種類だ。

その中でも**最大のコストは「住」＝家賃**だ。仙人になって土地代ほぼゼロの田舎で暮らすか、実家に暮らす手もあるが、誰かとのつながりを求めるのは人間の本能であり、本能に抗うのは不可能だ。**若者は人との出会いを求めて都心に集まり続ける**。この流れは不可逆的だ。そして都心に移り住んだら家賃は一生かかり続ける“人生最大のコスト”となる。

家賃をクリアしなければ、一生ラットレースのままだ。目の前にチーズ（給料）をぶら下げられて、走らされ続ける。気付いたら消耗し、資産は構築されていない。どんな努力をしても、小銭を稼いでも、それはザルで水を溜める行為、小さいスプーン1つでプールの水をぜんぶ抜く行為と同じだ。一生かかっても終わらない。

投資とは時間のゲームだ。「時間を味方につける」とセカニチはよく言うが、最も分かりやすい例は不動産だ。家賃が人生最大のコストならば、**家賃を払う側ではなく、家賃を受け取る側になればいい**。LTVで**1億円以上の家賃収入を得られる**（ちなみに自分のLifeが終わる＝死んだ後も家賃収入は続くのでLTVを超越している）。

会社員であれば多額の納税をしているから社会的な信用度が高く、あなたは良い権利を持っている。良い権利を使わないとむしろ損だ。

不動産を持っている人／持っていない人を例えるなら**電動スクーターと全力疾走の勝負**だ。電動スクーターの人はイスに座って、のんびりとバーをひねっているだけで経済的自由というゴールに進み続ける。

一方で全力疾走の人はフラフラになって全力でラットレースを走っても、縮まるどころか差は広がり続ける。繰り返すが、人生最大のコストである「不動産」を攻略しなければFIREは達成できない。

ではここからは不動産投資の話だ。**老後も家賃収入を得るには？** なぜ円安は不動産のチャンスなのか？ 不動産のワナとは？ 正しい不動産という仕組みが手に入れば、あなたに毎月の家賃収入をもたらしてくれる。

世界中の波を正しく知り、**都心の不動産で値上がり**を狙おう。

※ 特定の不動産会社の宣伝は一切無い。安心して読み進めていただきたい。前作でも不動産について述べたが今回は新しい内容を厳選した。逆に言うと前作の内容は全て省略する。復習代わりに読み直していただけたら幸いだ。［セカ本① P.136 参照］

値上がりし続ける「都心」の不動産

実は**日本の都心の不動産は爆売れしている**。世界中から注目されている理由は、都心の不動産であれば、**安定的な利回り**が見込めるからだ。歴史的な円安によって外国人投資家にとってTOKYOの不動産はお得な買い物となっている。実は円安は私たち日本人にとっても**不動産投資のチャンス**だ。

物件選びに失敗しなければ、私たちは将来**5000万円以上の資産をゲットできる**。特に**年収が500万円以上の会社員は有利な枠を持っており**、勝ちやすい（ただし新築のワナを知らないと大損する）。

私たちが今すぐできる行動とは何か？ アップデートしていこう。

投資＝時間のゲーム

全力で走っても、差は広がり続ける
（働いても）

世界から注目される“TOKYO”

世界中の都市部でインフレが進行している（P.19参照）。長期的視点では物価は上がる。日本でもおにぎり1つの値段は80年間で2000倍になった。

物価が上がる↑　＝　お金の価値が下がる↓。つまり**投資した人／しない人で格差が生まれている**。時間をかけてモノの値段が上がる中で、**不動産価格も右肩上がりだ**。特に値上がりしているのは都心のみ。

初めての人は「ローンを組むのは怖い…」と感じて当然だ。セカニチも同じように恐怖心を抱いていた。しかし以下の**4つのポイントを抑えれば不動産投資は最も リスクが小さい投資**となる（もちろん努力は必須）。

①比較はタダ（サボると大損）、②負債＝資産、③立地が命。買った瞬間に勝負が決まる、④街の再開発は重要。無料で公開されている。

都心の不動産が既に値上がりしているのは事実だが、それでもまだ「**お得だ！　買いだ！**」という状態だ。日本のインフレは遅い（今は）。将来的には世界の都市部のように日本もインフレが進行する（そして不動産の価値も上がる）。まさにTime is money。時間を失ってから後悔しても遅い。

都心の不動産、売れています

都心の不動産が爆売れという事実を紹介しよう。

①初月契約率：79.6％、②首都圏マンション発売：＋前年比67％を記録。

※ 初月契約率：マンション販売の好不調を示す。新規発売されたマンションのうち当月内に成約した割合。つまり販売１ケ月以内に約８割が売れた。

日本人だけでなく**海外の投資家からも大人気だ**。都心の不動産に何が起きているのか。その理由は、お得だから。記録的な円安で日本はバーゲンセール中。素晴らしい円安の時代になったのだろう（…外国人にとっては）。

約１億円のタワマン（港区）が売りに出されると、１ヶ月以内に４件以上の申込みが入り、**一瞬で売れてしまった**そうだ。外国人から見ると“Best deal ever!”という感じだ。特に強い需要は**都心の不動産だ**。**空室リスクが低く、すぐ売れる（流動性が高い）、観光客も集まる**。

ゴールドマン・サックスが「2500億円」の日本買い

外国人投資家は**マンションをビルごと購入**し、ホテルや民泊をオープンする。すでに2020年の時点で将来の経済回復を予想していた。日本の観光産業は魅力的であり、円安だから**訪日外国人ビジネスで儲かる**のだ。海外からの**リモート内覧**で不動産を買う投資家も増えているそうだ。

ゴールドマン・サックスは毎年、日本の不動産を買い続けている（双日とパートナー）。驚くことに商業ビルや大型施設ではなく「**住宅用**」だ。つまり我々が住む用のマンション等だ。投資金額は…なんと**2500億円**。

ゴールドマン・サックスにとって**日本の不動産（住宅用マンション）は投資対効果が高い**という判断だ。

※ 出典：ゴールドマンと双日、住宅に年400億円投資　改装後に売却（日経新聞、2022年３月）

※ 出典：ゴールドマンが日本の不動産投資を倍増、2500億円規模に（Bloomberg、2021年５月）

不動産、売れています

① 初月契約率 79.6% 好調
② 首都圏マンション発売 +67%（前年比）

※出典：①不動産経済研究所 2022.4　②日本経済新聞 2020.11.19

『都心』が人気

・安定した利回り＝すぐ売れる

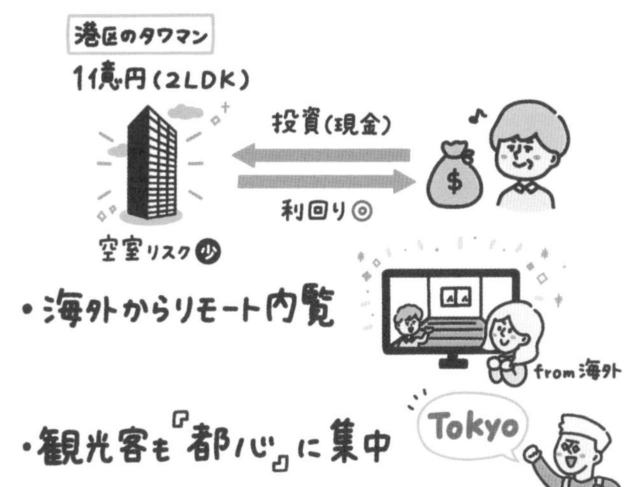

・海外からリモート内覧

・観光客も『都心』に集中

世界的に有名な２つの投資会社が2100億円以上で日本のホテルを爆買い。
①投資会社ブラックストーン（アメリカ）→ 近鉄グループホールディングスから京都のホテルなど８物件を買収。約600億円（2021年）。
②政府系投資会社GIC（シンガポール）→西武ホールディングスから港区のホテルなど31物件を買収。約1500億円（2022年）。

富裕層の投資家は、億単位の購入を積極的に行っている。もちろん**現金購入**の速いスピード感。日本人はローン審査をしている間に横取りされる。日本国内の不動産投資額を表にした（右図）。コロナ禍でも関係ない。

※ 出典：外資企業が割安感の強まった日本の不動産買いに動いている。円安の進展で商業用不動産のドル建て価格指数は異例の水準に低下し、香港系ファンドのガウ・キャピタル・パートナーズは今後２年で過去２年間の６倍超の最大5000億円強を投じる方針だ。（日本経済新聞、2022年８月）

▽外国人の不動産ファンド幹部の声（**2020年の春**）
「どのファンドも日本のホテルを物色。今から行列に並んでも買えない」
「日本の不動産は海外投資家から人気だ」
「訪日外国人の流入が復活すればホテル・民泊の需要は戻る。回復が見込める資産（不動産）に投資しない手はない」

海外からの「都心爆買い」

不動産の供給量が一定なのに、富裕層の海外投資家が**マンションごと・ビルごとまとめて買えば、市場全体の不動産価格が上がる**のは当然。

都心の不動産は世界的に見ても高い利回りが期待できる**お買い得**な状態だ（インフレ・賃上げ・物価上昇が遅いため）。

※ 出典：不動産投資、円安で活況　利回り世界的に高く　海外マネー、年１兆円規模　都心ビル入札10社強参加（日経新聞、2022年７月）

※ 以上を読んで、「外国人を排除しろ！」はキケンな思想なのでNGだ。資本市場の原理に反し、結果的に国益を損なう。売り手と買い手が望んだ価格なら、資本主義社会にとって良い取引だ。「外国人を排除」の考え方は資本主義の本質から見て誤っている。通貨の方針・国の方針を決める政治家を選んだのは私たちの１票だ。

もしかしてバブル？　大損するのでは？

「**今ってバブル？**」「**買ったら暴落する？**」と不安になる気持ちも分かる。しかし都心の好立地＆中古に関しては**バブルではない**。そもそも“バブル”とは需要（の実態）と合っていない状態を指す。現在の都心マンションは、

海外投資家が半数を占める

コロナ禍での日本国内への不動産投資額

国・地域	社名	投資額（億円）
	ヒューリック	5,080
	みずほリース	3,050
香港	ガウ・キャピタル・パートナーズ	2,820
アメリカ	テキサス州教職員退職年金	2,690
	芙蓉総合リース	2,570
	ケネディクス	2,230
アメリカ	ブラックストーン・グループ	2,210
フランス	アクサグループ	2,070
シンガポール	GIC	1,830
	GLP投資法人	1,480
	大成建設	1,390
シンガポール	メープルツリー・インベストメンツ	1,300
	住友不動産	1,250
カナダ	ベントール・グリーンオーク	1,120
	日本都市ファンド投資法人	920
	三井住友フィナンシャルグループ	900
イギリス	M&Gリアルエステート	880
アメリカ	ウエストブルック・パートナーズ	850
	三菱地所	710
アメリカ	ラサール・インベストメント・M	640

※出典：MSCIReal Assets, 東洋経済「不動産争奪戦」2022.6/25号

海外投資家が東京（の不動産）を好む

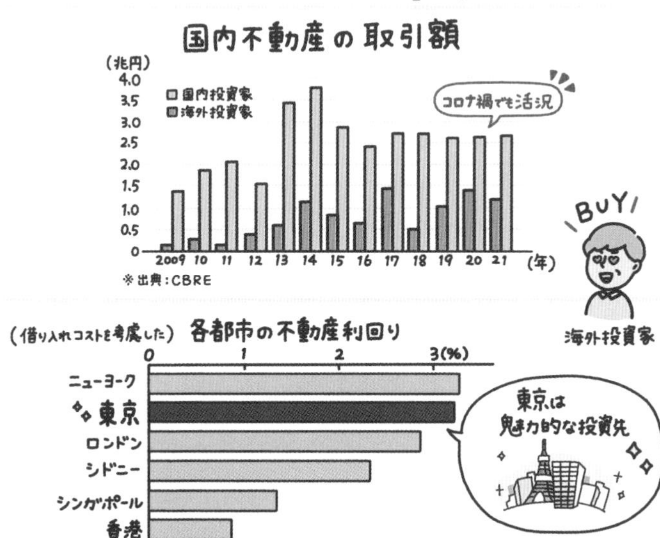

※出典:東洋経済「不動産争奪戦」2022.6/25号、不動産経済研究所 2022.4

強い需要に対して供給が追いついていない。強い需要がある=バブルではない、供給が足りない状況が続く、という6つの理由をイラスト化した(上図)。以上のことから、首都圏でマンションが供給過多になるとは考えにくい。

"新築"のワナ

現在は"売り渋り"が増えている(各部屋の発売開始を細かく分割→発売を長期化→"新築"マンションの価格を釣り上げている)。**"新築"は超強気の価格設定で、損をするのは購入者**(あなた)だ。

さらに銀行にもワナがある。銀行は"築年数"に応じた機械的な計算でしか判断しないので**"新築だけ"が過大評価**される構造になっている。銀行に過大評価されている新築=デブ不動産は**買った瞬間に中古になり、価値が暴落**してしまう。これがバブルだ。高値づかみのリスクがあるので新築は

NG。必ず**中古（&都心の好立地）**を買おう。

また、築年数と老朽化が気になる方が多いと思うが、**都心の好立地**であれば問題ない。キーワードは「修繕積立金」と「都心の再開発」だ（詳細は不動産 noteへ）。時間をかけて価値は上がる。不動産投資をする際は、**5社以上で徹底的に比較検討**を。どんな時代でも、正しい対策をしよう。

今は不動産投資のチャンスだ。長期的視点で都心の好立地の不動産価格は上がると自信を持って言える。海外投資家の爆買いの波に乗ろう。

以上、**不動産投資をしないリスク**をご理解いただけただろうか。不動産に関してはさらに10倍以上は書きたいのだがスペースの都合上ここまで。「セカニチ　不動産」と検索していただくと解説 noteは全て無料公開している。正しい資産形成のためにぜひご活用いただきたい（特定の不動産会社の宣伝は一切無い）。だまされる人が多いので複数社を比較するしかない。

年収500万円以上の会社員（公務員）で、**本気で不動産投資に悩んでい**

る方限定で相談に乗っている（Instagram & Twitter の DM：**@sekanichi__** または E メール **yuki.minami@koru-workers.com**）。お気軽にご連絡をいただきたい。多額の納税をしているなら、皆さまは良い権利を持っている。権利は使わないと損、Time is money だ。行動はお早めに。

【株式投資】「日本株」に未来はあるか？

日本経済を牽引する企業「ソニー」

前述の通り、世界の時価総額ランキング・トップ 10 はほぼすべてアメリカ企業だ（P.67 参照）。投資で成功したければ、強いアメリカ株に順張りするしか成功法は無いと感じる。しかしアメリカ株しか未来が無いと言うのは、日本人として非常に寂しい。日本企業が再び世界を引っ張る未来は？

最後に**日本の希望**をお伝えして、本章の締めくくりとしたい。

日本代表の経営者 20 人は日本企業の未来をどう見ているのだろうか。

アサヒグループホールディングス・東京エレクトロン・旭化成・富士フイルム・日本電産・東京海上日動火災保険・TDK・ANA ホールディングス・セコム・ニトリ・三菱地所など、**歴史を作ってきた経営者 20 人**が口を揃えて社名を挙げた日本企業がある。**「ソニーグループ」**（以下ソニー）だ。

ヤバい日本の未来は、ソニーにかかっているとセカニチも考えている。

世界 No.1 の時価総額 Apple が擁する iPhone カメラの「眼」であるイメージセンサー（画像を認識する半導体）は、ソニー製だ。**ソニーの CMOS イメージセンサーは世界トップシェアの約 50%**を誇っている。地球上の約 80 億人が毎日使うカメラ / 見る映像と考えると約 50%のシェアがどれほど巨大か理解できる（約 40 億人が毎日触れている…！）。2 位のサムスン（韓国）とは 2 倍近くの差が開いている。もし地球にソニーがなかったら、iPhone からカメラが消滅し、世界中のカメラが消え、テレビ、YouTube も何も映らないことになる（日本のテレビ番組や映画はほぼソニー製のカメラで撮影されている）。ソニーのカメラがあるから、私たちは不自由なくテレビ、SNS、

今がチャンス

海外と比べて日本の物価は上がっていない
→日本のインフレは、これからジワジワ進行

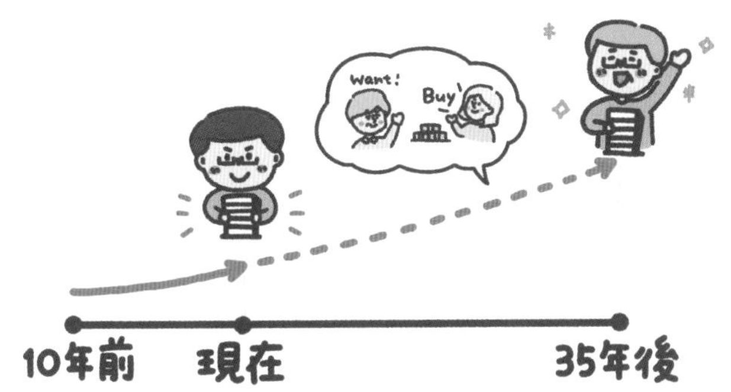

☑ バブルではない、Time is money 

☑ 都心の好立地に限る

スマホで毎日映像を見ることができている。

Appleにとっての最重要企業

世界No.1のAppleにとって、**ソニーは最重要企業**だ。ソニーは2011年からiPhone用のカメラセンサーを製造しており、最新機種iPhone 14 Proに搭載されている48MPメインカメラに採用されたクアッドピクセルセンサーの製造も担う。iPhone15以降もカメラの中身はすべてソニー製だろう。

2022年末、ティム・クックCEOが来日した。**ソニーの精密センサー製造工場の訪問**が、今回の訪日の最重要事項だった（ソニーセミコンダクタマニュファクチャリング熊本テクノロジーセンター＝熊本県菊陽町）。Appleはクック CEOの訪日と同時に「2022年から過去5年間で**日本のサプライチェーンに1000億ドル以上（13兆円以上）の投資を行った**」と発表した。世界

No.1 企業が日本にもたらす経済効果は、たった5年で13兆円以上だ。今後もこの金額は増え続けるだろう。クックCEOの訪日後に両社の社長はこのようなコメントを残している。

クックCEO「世界最高水準のカメラセンサーと、絶え間ないイノベーションの推進に向けた**お互いのチームの協力**を目にすることができた」。

吉田憲一郎CEO「最先端のイメージセンサーの製造現場を見てもらい、**技術開発や活用の方向性**について意見交換できたことは大変有意義だった」。

日本の未来は「半導体」にあり

クックCEOが訪問したソニー熊本テクノロジーセンターからほど近いエリア（熊本県菊陽町）に**歴史的な半導体の工場**が新設される（2023年後半に完成予定）。台湾の世界的半導体メーカー・**台湾積体電路製造（TSMC）が主導**し、ソニーG、デンソーの3社が力を合わせる。総投資額は**1兆1000億円**以上で、日本政府（経済産業省）から**最大4760億円の補助金（＝税金）**を受ける。TSMCはAppleのデバイスの心臓部となるAppleシリコンも製造する企業だ。工場誘致が決まってから、熊本県が熊本空港と熊本駅を結ぶ鉄道アクセスの整備を発表し、熊本大学が半導体学部の新設を予定するなど、熊本県は半導体関連ニュースで持ち切りだ。

ちなみにこの工場にソニーは570億円の出資をしている。画像センサーに必要な半導体の調達網を強化する目的だ。

さらにTSMCとは別に、ソニーGが**半導体の新工場**を建設する噂が流れている（熊本県合志市）。2024年着工、25年秋の稼働を目指すとみられる。ソニーGの投資額は数千億円を見込む。高価格帯のスマホ向けに大型・高画質のイメージセンサーの採用が増えるとみているほか、今後は**自動運転などの車載向け**も見込む。自動運転においては車の「眼」が最も重要だ。**画像を正しく認識できなければ自動運転は成り立たない**。自動運転・電気自動車の未来はソニー・ホンダモビリティのアフィーラ（AFEELA）にかかっている。

まさに**日本の未来に向けた半導体の投資をソニーGが牽引している**のだ。だから私はソニーGの株を買って応援している。

今後の経営者が選ぶ有望銘柄

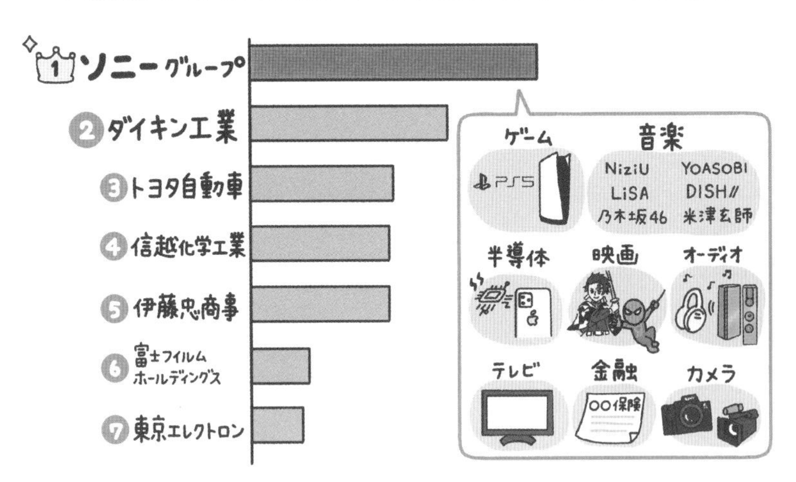

ソニーグループが4年連続で首位

営業利益は2年連続1兆円超え

※出典：経営者20人予想（日経新聞、2023年1月）

紅白歌合戦はソニーの日？

12月31日の夜に毎年NHKで放送される紅白歌合戦。出場している歌手を眺めながら、片っ端からWikiを見ると、Sony Music所属のアーティストが非常に多いことに気付く。気になった方はオフィシャルサイトのトップページから「PICKUP ARTISTS」をざっと見てほしい。**ゲーム・アニメ・映画・音楽という世界のエンタメを、ソニーG（Sony Music）が牽引している。**

毎年、紅白歌合戦を見るたびに「ソニーすごい」と感動している。共感してくれる方はぜひ同じ思いを馳せながら紅白歌合戦を見てほしい。もちろん我が家の65型の高画質テレビ、高音質サウンドバーもすべてソニー製だ。

column 02

「脱毛」の極意 &「歯」はお金で買えない資産

◎**全身脱毛**:生涯のヒゲ剃りに費やす**ムダな時間**は約3ヶ月(2737時間)だ。人生の時間のために**「全身の永久脱毛」**をオススメしたい。私は33歳にして全身脱毛をした。**全身ツルツル**で、まつげより下の毛は1本も生えていない(VIOも)。薄毛治療(AGAの飲み薬)の副作用で腕毛等が増えたが、今は超〜快適。「今までなぜムダな毛を生やしていたんだ…?」と、過去の私を不思議に思う。全身脱毛は男女ともにオススメだ。

私が発見したのは**6ヶ月・通い放題**で、なんと**約6〜7万円(税込み)**。そして効く。新宿駅から徒歩すぐ。あの辛口なセカニチが絶賛している。

※ 詳しくは「脱毛　セカニチ」で検索してください。私は25歳でストレスにより頭皮がハゲたが、AGAの飲み薬によって薄毛の治療に成功した。詳しい体験談は「AGA　セカニチ」で検索。1ヶ月なんと「2000円」のみだ。

◎**歯**:**歯はお金で買えない資産**。失ってから後悔しても遅い。3ヶ月に1度の定期検診は全国民にオススメ。歯科は近さが重要なので、近所の3ヶ所以上を比較して最善を選ぶ。歯は毎日必ず使うものだから、3ヶ月経つと何かが起こっている。虫歯治療は早急にすべし、そして虫歯予防のために1日1回のフロスを習慣化しよう(重要)。

「海外ではTOEICの点数よりも歯並びの方が大事。**歯並びが汚い=育ちが悪い**と思われる風潮がある」と友人が言っていた。たしかに海外Netflixの恋愛リアリティショーでは男女ともに、**異性に求める条件=歯**を挙げる人が多い。歯はそれほど重要な要素だ。某国では歯列矯正=裕福&教養のある家庭出身(に見える)ので、あえて赤などのカラフルな矯正器具を付ける文化がある。やはり**歯と資産は密接**だ。

私はこれから「歯列矯正」をして体験談をSNSで発信していく。過程を一緒にチェックして参考にしていただきたい。ホワイトニング(3万円)等も、私が実験台になってnote等で発信をする。正解を見つけたら、一生そこを使い続ける。みんなで協力し合って最適解を見つけよう。

※「歯 セカニチ」で検索。歯列矯正・ホワイトニング・親知らず抜歯…等。今後発信を増やすのでご期待を。

第6章

起業して大金持ちになる

1ヶ月で「100万円」を稼いだ学生
セカニチ

人生「初」の告白

資産10億円を持った80歳の大富豪が目の前に現れ「**今すぐ人生を入れ替わってほしい**」とお願いされたら？　あなたは“YES”と言いますか？

おそらく答えはNoだろう。それが**あなたの“時間”の価値**だ。

現在は経営者・投資家・作家として生きるセカニチだが、最初から**時間の価値・世界の広さを認識していたわけではない**。私の生まれ育った東京都調布市の実家は最寄り駅から徒歩25分の狭い団地。自分の部屋はない。中高時代のお小遣いは月1000円。私は一般家庭の出身で情弱かつ貧乏だった。

そんな庶民未満の私だが、大学3年生（2010年）から始めたベンチャー企業の学生インターンで、**儲かっている経営者から直接学ぶ**経験をした。

私にはお金を稼ぎたいという**燃えたぎるハングリー精神**があった。

学生インターンでは時給900円（当時のほぼ最低賃金）にプラスして、**成果報酬**をもらう仕組みだった。大手タバコ企業の**喫煙者アンケート調査**（大学生限定）は、大学生をつかまえて紙のQRコード経由で回答させればわずか5分で終わり、回答者には3000円が支払われる。さらに後日、深い調査(たった1時間）に協力すれば7000円が追加で支払われる。大学生喫煙者にとっては短時間で計1万円が得られる＝大きなインセンティブだ（ちなみに私自身はタバコのニオイが嫌いで一度も吸ったことは無い)。しかもたった5分で終わるのに、私は**回答者1人あたり5000円の成果報酬**が得られる仕組みだった。貧乏だった私は衝撃を受けた。

2010年当時は拡散型SNS（Twitter・LINEなど）が発達しておらず、タバコ企業が若い大学生の喫煙者だけに直接アプローチする方法が無かった。

そして私は21歳で**「人を雇ってマネジメントをする」という人生初体験**をした。美人な女友達をバイト（時給3000円）で雇い、一緒に各大学の喫煙所（タバコ嫌いなのに）を回り、大量のアンケート回答を集めた。**美人な**

1ヵ月で「100万円」稼いだ

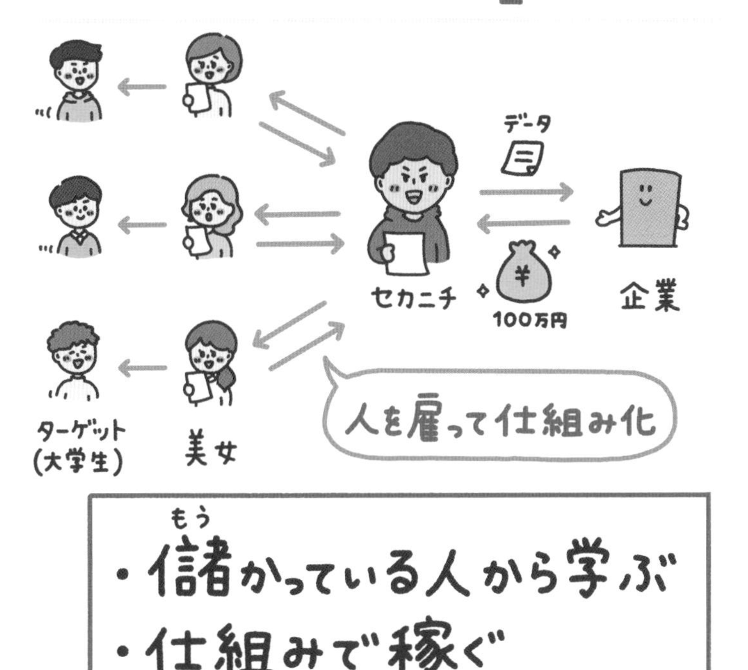

・儲(もう)かっている人から学ぶ
・仕組みで稼ぐ

女子大生から声をかけられた喫煙者（男）の**回答率はほぼ100%**だ。

もしサボると回答数の少なさですぐバレてクビになるので、私が何も指示しなくても女友達は毎日一定のパフォーマンスを発揮してくれた（私は喫煙者の多さに驚いた)。**上司無し&ラク&時給も高かった**ので女友達からは「もっと働きたい」と言われたほどで、シフトに入るお願いは必要無し。美人な女子大生による**"仕組み化"**がいつのまにかできていた。

その結果、私は何もしなくても**驚異的なアンケート回収数**を記録し、インターン先の敏腕社長（26歳）からも非常に驚かれた。

そして女友達にバイト代を払い、税金も払い、残った純利益を計算したら…**21歳の私は1ケ月で「100万円以上」を稼いでいた**（この稼いだ仕組みを詳細に公開するのは本書が初めてだ)。

※ 税金という存在に興味・疑問を持ったのはここからだ。

※ 都内の各大学のキャンパス事情に異常に詳しいのは今でも特技だ。大学名を聞けば何駅にあるか分かる。

大学生の私にとって1ヶ月で100万円以上の純利益は大きい。全て自分のお金で港区赤坂での一人暮らしを開始した。乃木坂のジャニーズ事務所&Sony Musicのすぐ近くで、六本木、青山も徒歩10分以内の都心の好立地&中古の1Kだ。両親には1円も頼らず初期費用・家具・家電も全て自腹で揃えた。そして当時(2011年)から現在に至るまでも港区に住み続けている。

私は21歳で初めて、時間の切り売りでなく、**仕組みで成果を生み出して稼ぐ経験**をした。それまでは予備校のチューターとして時給制でしか働いたことはなかった。**"成果報酬"が私の視野を広げてくれた**。もしタイムマシンがあれば、貧乏で情弱だった大学1年生の私にこうアドバイスするだろう。

「**時間の切り売りで働くアルバイトに疑問を持とう**。成果報酬と仕組み化で稼ごう。**儲かっている人から直接学ぶ経験をしよう**。儲かっている人は日本にゴロゴロいる。**頭の良い人を数珠つなぎで紹介してもらおう**。信頼を積み重ねて、**わらしべ長者を目指そう**」。

人生最大のリスクは他者のお金(給料)に依存すること

タバコのアンケート調査は期間限定だったので大学卒業の頃には終了した(当初の想定内)。そして前述の通り私は大企業に就職し、苦しい会社員生活を経験した(P.48参照)。**この苦しい状況から抜け出すには? 自分でお金を稼ぐには? あの頃の敏腕社長に自分は近づけているのか?**

やがて社畜のまま26歳(=当時の敏腕社長と同い年)になったとき、**全身が恐怖心に包まれ、私は港区の路上で立ち尽くした。**

大企業のデメリットは、**狭い世界でしか生きられない**ことだ。実は日本国内だけでも想像を絶するお金持ちは無数にいる。しかし飼い主に従順な会社員として働いているだけではその事実を知ることは一生無い。

「毎月振り込まれる**給料に依存しては危険だ**。**お金が無いなら自分のチカラで稼げば良い! お金から解放されるために、お金のことを知ろう!**」と私は覚悟を決めた。2年以上かけて起業と税金について調べ、考え、行動した。稼いだことも、失敗したことも、損をしたこともある。いま苦しい思いをしている若者には同じ失敗を繰り返してほしくないと本気で感じている。

セカニチという存在が、未来ある若者の"勇気"になれば嬉しい。

では人生最大のリスクを排除するために、どうやって自分でお金を稼いだら良いのか。ビジネスとは何なのか？ 学校では絶対に習わない起業の成功のコツをまとめた。**「お金を稼ぐ７つのルール」**を順番に紹介しよう。

稼ぐのは意外とカンタン
- 7 Rules -

①人は「祭り」にお金を払う

人はなぜお金を払うのか。需要があるからだ。そして**需要には必ず波があるの**で、稼ぎたいなら“波乗り”をする。

例えばフードトラックだ。オフィス街の定食屋は12時台に満席（お祭り状態)となり､14時台にはガラガラだ。固定の店舗ではピークタイム（＝祭り）以外は**固定費（家賃・人件費）がムダ金**となる。だから需要が強い12～13時台のみを狙った移動式フードトラック（祭りの波乗り）は賢い。

“祭り”は儲かる。300年以上の歴史があるリオのカーニバルは毎年２～３月（南半球の夏）に約１週間のお祭り期間となる。**毎年150万人以上の観客**が訪れる世界トップレベルの一大イベントだ。リオ在住の友人に聞くと、お祭り期間だけは宿泊＆観光＆飲食の需要が急増し、どの**ホテルも５倍以上に高騰しても満室**になる。祭りの雰囲気によって世界の富裕層の財布のヒモは緩み、観光地の高級プラン・高級肉・高級酒が飛ぶように売れる。

お祭りの約１週間のみで**経済効果は1000億円以上**と言われている。カンタンに儲けたい観光ガイドはカーニバルの約１週間だけリオに行って1000億円の一部を拾えばいいのだ。

私は東京都港区でKoruという宿泊施設を経営しており、**都内の大手ホテルの料金**をカレンダー形式・日別で何年もチェックし続けている。2018年頃からホテルの供給量が増えすぎたことで、どのホテルでも基本的には宿泊の安売り合戦だ。ただ､需要が爆発して**全てのホテルが一斉に儲かる“祭り”のタイミング**もある。１週間のうち**土曜のみ**に需要が集中して東京中で宿がほぼ売り切れる（そして日曜の夜からまたガラガラ)。１年間で最大のハイシーズンは3連休・桜・GW・お盆・シルバーウィーク・年末年始だ。日本の宿泊需要が極端に**特定の日に集中しているのは日本の会社員が横並びで一斉に休むから**だ（お盆や年末年始はほぼ誰も会社にいない）。例えば年末年始は12月28～31日と1月1日の5泊だけは通常の2～3倍に高騰するが、1月2日以降はガラガラになり、また安売り合戦が再開される。

もはやフードトラックのように“祭り”のハイシーズンだけ移動式の宿を稼働するのが最も賢いのではないか？　しかし旅館業法という規制によってできない。**古い規制によって社会のムダが発生している**状態だ。

※ 星野リゾート代表の星野佳路さんは宿泊需要の一極集中を強く問題視している。

※ カレンダー形式のホテル料金は google.com/travel/hotels が見やすい。

人はハレの日（祭り）にお金を使う。デパートのイベントでは○○物産展のような特別感にお金を払う。逆に言うと**祭りの日をメディア＆広告を使って作り出せばいい**。“バレンタインデー”は本来はチョコレートの日ではない。“土用の丑(うし)の日”はウナギの旬の時期ではない（平賀源内による日本最古の広告キャッチコピーだ）。

社会にはリオのカーニバルのように“派手な花火”を期間限定で打ち上げたい人は必ずいる。例えば広告キャンペーンやリアルイベント。儲けたいなら、あなたは**祭りを盛り上げる花火職人になって祭りの波乗りをすればいい**。セカニチが21歳で稼いだタバコのアンケート調査も期間限定の祭りだ。

祭りで稼ぐコツ3点がこちら。**どこに祭りがあるか？（Where）、誰を祭りに集客するか？（Who）、どう祭りを盛り上げるか？（How）**。

②人は「時短」にお金を払う

ビジネスとは**時間（ヒト）・クオリティー（モノ）・お金（カネ）**の3要素に分解される。残念ながら我々一般人は**上場企業に札束（カネ）で殴られたら勝てない**。モノで勝つには上位0.1％の技術を持つ生産者になるしかない。では残りの99.9％の一般的な生産者に勝ち目はないのだろうか？

実は1つだけ逆転の方法がある。それは**時間**だ。例えば「日本一美味しいソバ屋」だとしても注文して30年後に商品が出てくるなら売れない。

稼ぐのはカンタン♪ -7Rules-

逆にAM2時に世界最速で日経新聞の解説を投稿する人になれば**世界No.1**という価値になる。時間であれば誰でも再現性があり、勝てる。

ビジネス（マーケティング）とは、“メリット提示合戦”だ。学生の頃は「ビジネス」と聞いてもピンとこなかったが、「**メリット提示だ**」と言い換えたら理解できた。例えば大学生活でも、90分の授業をサボって友人の要点ノートでテスト対策をする代わりに、見せてくれた友人に学食を奢る。繁忙期のバイトのシフトに入ってもらう代わりに、何かの作業を代行する…等。

我々は学生時代からビジネス（メリット提示合戦）に触れている。

「**メリットを得たい。でも時間をかけたくない**」と誰もが思う。とにかく短くまとめてほしい。ムダな手間・ムダな時間は嫌だ…。現代人は情報に溺れており常に満腹状態だ。だから情報を短く分かりやすく整理する**時短に価値が生まれる**（P.112参照）。

③人は「信頼」にお金を払う

皆さまは「宝」を持っているだろうか。実は**「口コミ」は宝**だ。私も飲食店・ホテル・観光地・歯科・脱毛サロンなどを探す時は**Google MAP**のレビューを徹底的に見る。平均点数も大事だが、**レビューの件数も超重要**だ。件数が多く集まっているとサクラのレビューは通用しない。Google MAPで**レビューが高い＆件数がかなり多い場所に行き、ハズレだと感じたことは一度も無い**。良い体験が得られるなら少し高めの金額でも喜んで払う。つまり**口コミの評価点数＆件数＝儲かる**のだ。

宅配弁当の総合サイト「くるめし」は、Amazonのようなお弁当ECサイトだ。何百社ものお弁当業者が掲載されており、**レビューと人気が可視化**されている。箸袋に「レビューを投稿したらAmazonギフト券100円プレゼント」とQRコードが書かれていた。レビュー件数が集まれば人気のお弁当が可視化され、ユーザーはサイトを信頼しお弁当を注文する。多くのユーザーが集まれば、お弁当業者は「手数料を払ってでもサイトに掲載させてほしい」とお願いするしかない。集まったレビューをもとに各社がお弁当のクオリティー改善に取り組んでいるようだ。こうして健全な競争のもと、美味しい人気の宅配弁当ができあがる。だから口コミ＝宝だ。

※ こちらの無料noteが興味深かった→「口コミでお客さまをもっと幸せに。レビューチームの仕事とは？」(JFD_日本フードデリバリー株式会社)

皆さまが何かの教室やセミナーを開催するときには**「参加者の声」を可視化するべき**だ。あなたの告知を見た人は「**どのような体験が得られるのか？時間を奪われないか？**」と不安に感じている。

アンケートを集め、SNSの告知文に声を入れ、時間泥棒ではない証明をする。もしリアル店舗なら**Google MAPのレビューには命をかける**。サクラは淘汰(とうた)されて無意味なので本質的にクオリティー（モノ）で勝負するしかない。常連さんができたら正直なレビュー投稿をお願いする。

口コミ＝宝＝利益だ。

※ ちなみにAmazonはレビューの平均点・件数を信頼してはいけない。「サクラチェッカー」を使えば見抜けるので検索してほしい。サクラを淘汰する仕組みがなければAmazonは必ず廃れる。

④人は「自慢」にお金を払う

人は「自慢」にお金を払う。何万人も集まる超大型のスポーツ／音楽イベントでは、**高額なVIP席ほど売れる**。日本でのラグビーW杯でも超高額なVIP個室席が完売した。世界中の富裕層がVIP席を好む理由を紐解くと、**社会的に成功していることのエビデンス提示**（自慢）だと感じる。個室のVIP席から何万人もの大観衆のスタジアムを見渡せば、**自分は特別な人間だ**と本能的に実感できる。接待＆招待チケットとして金融機関が数百万円を使って富裕層を喜ばせられれば、新規取引が決まって数千万円の利益につながる。エビでタイを釣るように「VIP席のチケット接待で富裕層を釣る」のだ。

※ 富裕層への「スポーツ・ホスピタリティ」は世界的にも注目されているスポーツビジネスだ。日本のスポーツでもVIP席による高収益化を学ぶべきだ。「自慢」が高収益の儲かるビジネスになる。ちなみにフランスのラグビーでは富裕層・VIP席を使ってリーグ運営が大成功している。

※ 日本のラグビーリーグのチケット収益構造が改革される見込みは低い。

利益を出したいなら、**憧れ（自慢）やランキングを利用する**ことだ。

不動産販売のコツも憧れ（自慢）だ。投資用マンションはオーナー本人だけ満足すれば良いのではない。家賃を払う入居者が恋人や友人から、あるいは合コンで**モテるか、うらやましいと思われるか**、という**“第三者モテ”**が最重要だ。不動産オーナーとして成功したければ**モテる道具**として不動産の1室を提供する。ファミリー向けの不動産であれば、ママ会・パパ会で自慢できる立地か。だからモテ（自慢）の好立地＝値上がりが狙える（詳しくは「不動産　セカニチ」で検索）。

ランキング大好き日本人。根底には安心したいという気持ちがあるのだろう。**社会的に認められている＝1位の商品を持っていれば自慢できる。**

憧れ＝うらやましい！と心をくすぐる。楽しそう！　やってみたい！　行きたい！　写真を撮りたい！　自慢したい！と思わせることが成功の秘訣。

セカニチの発信でも、NISAの人気ランキング記事はよく読まれている。根底には**みんなが認めるもの（自慢できるもの）**を知りたいという気持ちがあるのだろう。みんな大好き人気ランキングはP.135参照。

⑤人は「愛情」にお金を払う

冠婚葬祭という言葉がある。人の誕生も、人の死も、根底には**愛情**がある。生命保険の営業でよく使われる殺し文句は「**大切なご家族のために**」だ。

営業担当は言葉巧みに、**生命保険に加入をしない＝家族を大切にしていない**という洗脳を行う。そして洗脳された無知な庶民は、人生で2番目に高い買い物にもかかわらず、言われるがまま何も考えずに契約してしまう。

※ 生命保険が不要な理由は［セカ本① P.117 参照］

愛情を悪用すればだまされる人も一定数いる。買った瞬間に大損が確定するダメ商品が広がってしまうのが悲しい現実だ。我々がビジネスをするときは**愛情の悪用は厳禁だ**。では、愛情をチャンスにするとは？ 例えば普段は財布のヒモが堅い人でも、**愛犬／愛猫のためならお金をいくらでも払う**。

プロ写真家に聞くと「私の写真はいいから、この子（愛犬）の写真を撮って」と高額オファーをする人は多いそうだ。ソニー等のミラーレスカメラの台頭に伴ってプロ写真家も増加し、競争は激しい。「愛犬限定」とすると高い利益率が狙えるかもしれない。

⑥人は「儲け」にお金を払う

プロによる正しい目利きは儲かる。例えば**不動産の仲介手数料**は物件価格の3%+6万円が相場だ。仮に5000万円（税抜）の不動産なら、150万円 +6万円が仲介手数料となる。最終的には5156万円（税抜）に対して、消費税10% を掛ける計算になる。

「手数料だけで156万円（+ 消費税）って高くないか？」と疑問に思うのが普通だろう。私も最初はそうだった。しかし**不動産を買う＝複雑な海の航海に出ること**。1つの判断ミスで一生が狂うような大事故もある。不動産は**人生で最も高い買い物だからこそ、小さな事故でもあってはならない**。

一方で不動産購入から数年後に値上がりして**3000万円以上の利益をゲットしている会社員はたくさんいる。**

値上がり＝プロによる正しい目利きがあったからだ。

つまりあなたの人生を守り、資産を最大化するには、1000軒以上を見てきた不動産のプロによる正しい目利きが重要になる。人生という名の船にコンパス・航海士を乗せること。もしプロを社員として雇うなら、年収1000万円では足りない。結論「たった156万円＋消費税」で**安くプロを使える手数料の制度は、むしろ経済合理的**だ。人生を守るために、**手数料（適切な対価）を使ってプロを味方にし“責任”を発生させる**。物件価格の3%+6万円が仲介手数料というのは、大手企業でも中小企業でも全く同じ相場だ。

残念ながら減額の交渉はできず、仲介手数料は必ずかかる。

「どうせ同じ仲介手数料を払うなら、**誠実で、信頼できて、スピード感のある、“良い担当者”**と出会いたい！」と考えるのは当然だろう。今回は“不動産”で例えたが、**プロの目利き＝大きな価値という構造は全ての業界で同じ**だ。お金を稼ぐには、あなた自身が何かのプロとなり、そして相手に儲けを提供する良い担当者になれば良い（前作ではセンスの良い人と名付けた[セカ本① P.166 参照］）。もし**最終的に3000万円の利益を得られるなら、「たった100万円の手数料は安い」と相手は言う。**

※ 自分が住む物件を探している方は「住む用　セカニチ」で検索していただくと押さえるべきポイントを無料でnoteに公開している。

※ 本筋からは逸れるが、5000万円（税抜）の不動産を買うのに消費税だけで515.6万円って高すぎでは？（前頁参照）もともと消費税は日本に存在しなかった制度だ。だからセカニチは税金と政治の発信を続ける。消費税は経済合理的か？ 消費税の使い道を決める現政権は"良い担当者"か？

⑦人は「依存」にお金を払う

依存は儲かる。そして依存は恐怖だ。タバコへの重度依存はほぼ確実に**肺がん**につながり、喫煙者の命を奪う。私は前述のタバコのアンケートで大きな利益を得たことがキッカケで、ビジネス（利権）の仕組みを調べ続けた。そして**タバコビジネスの恐怖**を実感した。なぜ大手タバコ企業はアンケート回答者と回収者に高額な報酬を出せるのか？ それは支払う報酬以上にタバコ企業は儲けられるからだ。**中毒性の依存症**になった喫煙者は、肺と心臓がボロボロになっても毎日買い続ける。タバコ1箱580円（20本入）に占める税金の割合は《61.7%》だ。タバコ関連の税金だけで4種類も存在している。値上がりも続いている。**タバコ代の半分以上が税金（利権）**だ。利権と政治は深い関わりがある。政治の世界には**もくもく会（与野党の愛煙家の議員連盟）**なる組織が存在するが、その名前を聞くと私は恐怖しか感じない。

※「もくもく会」「たばこ　害」で検索。

※ 出典：財務省「たばこにはどれくらいの税金がかかっているのですか？」

依存症・中毒になった人間は、税金も命（時間）も搾取される。日本の歴史上、人間を依存させる**利権と税金は密接な関わりがある。**

例えばタバコ・公営ギャンブル・宝くじなど。第2次世界大戦の敗戦直後に日本のギャンブルが爆発的に広まったのは国（& JRA）と競馬、笹川氏と競艇（ボートレース）の利権であり闇だ。

※「笹川 利権」「JRA 利権」「JRA 有馬」「公営ギャンブル」で検索。

なぜ一般庶民は依存症の恐怖や利権や闇を知ることができないのか？

それは**大手メディアが利権団体から多額の広告費**を受け取っており、メディアの大きな収益源になっているからだ。

「タバコとギャンブルの依存症は人生を滅ぼす」「砂糖（お菓子・ジュース）の過剰摂取は糖尿病で死ぬ」とは、テレビ局や新聞社は報道しない（高いお金を受け取っているからできない）。依存ビジネスを挙げたらキリがない。**砂糖・脂質・アルコール・カフェイン・スマホゲーム・SNS** もそうだ。

幸い私は弱すぎてお酒が飲めない。宝くじは生涯で1枚も買ったことは無い。ギャンブルを嫌う。スタバではスチームミルクを好む（歯のホワイトニング的にも）。毎日身体を鍛えており砂糖と脂質は摂取したくない。SNSは1人も友人をフォローしていない。最近はキャッシュレスどころかスマホレスでSuica 1枚しか持ち歩かない原稿集中Dayも多い（本書はスマホレスで書かれている）。だから私は**時間持ち**なのだ。

お金持ちになりたければ人生の依存を断つことだ。

復習：①祭り ②時短 ③信頼 ④自慢 ⑤愛情 ⑥儲け ⑦依存。

以上が稼ぐ7つのヒントだ。皆さまが開始しようとしている起業&副業のタネは、（⑦依存を除く）6つのどれかに当てはまっているだろうか？　もし1つも当てはまっていないなら、今すぐ現状のプランを中止して、別のプランに切り替えるべきだ。

本物のお金持ちになれるのは起業家だけ

仕掛ける側（＝生産者）になる

“起業”は主流ではないから、**人と違う＝恐怖**だと勝手に認識してしまう。消費者どまりの人は永遠に稼げない。消費者を卒業するには生産者・起業家になることだ。例えば好きな音楽ライブがあれば、消費者として時間とお金を使うのは**28歳を最後にしよう**。

29歳以降は、**仕掛ける側（＝生産者）**になる。自分自身が音楽を作れなくても、プロデュース・撮影・編集・グッズ販売・ステージ設営・スタッフマネジメントなど、1つの音楽ライブでも稼げる仕事はいくらでもある。

起業家「AKB48」

AKB48のトップアイドルに君臨した**小嶋陽菜**(はるな)さんは29歳の誕生日にアイドルを引退し、後にD2Cブランドの起業家となった。ライフスタイルブランド『Her lip to』の運営を行う株式会社heart relationの代表取締役だ。小嶋陽菜さんは「今までは他社とのコラボなどでアパレルに参入したこともあったが、自分のアセット（資産）にはならなかった。だから自分のブランドを作って**自分の中に資産を貯めたかった。**アイドル時代を卒業したら、何かを資産にしたかった」と語っている。「王道、正統派のアイドルとしてファンに対して誠実であることが求められた」「私たちは王道、正統派をいく。**経営も、モノづくりも道を外れない**」と語る代表取締役・小嶋陽菜さんからは“元アイドル”の雰囲気ではなく、起業家の覚悟を感じる。

※ 気になった方は「heart relation」で検索してコーポレートサイトを見ていただきたい。

皆さまも自分の資産を生み出すために**仕掛ける側（＝生産者）**になることだ。**自分のアセット（資産）にならない時間の使い方は危険**だ。29歳以降は誰かに時間を奪われている場合ではない。誰かに作られたステージの上で踊る労働者ではなく、自分が仕掛ける側（＝生産者）になる。お金持ちになりたければゲームステージのルール作り＝Rulerとなるのだ。

利は元（原価）にあり

松下幸之助の言葉

「利は元にあり」は、経営の神様・松下幸之助氏の言葉だ。利益は上手な仕入れから生まれる。まず良い品を目利きし、できるだけ有利かつ適正な値で仕入れる（買う）。そこから利益が生まれてくる。**仕入れをサボると利益は消える**ということだ。これは**魚の卸業者⇔寿司店でも同じ**。魚の卸業者の目線に立つと、同じ1万円を受け取るとしても、長年の関係値が深い寿司店には“良い魚”を渡して、関係値が浅い寿司店には“普通以下の魚”を渡す。なぜならLTV（生涯価値 P.141参照）の考えに基づくから。たとえ景気が

悪い時でも安定して買い続けてくれるなら、**関係値が深い寿司店を特別扱いするのは当然**だ。要は、**あなたに実績や信頼が無ければ、“普通以下の魚”しか得られない**。“元”が悪ければ“利”を生めない。

通常3年かかる関係値の構築を正攻法にしても長い時間を失ってしまう。であれば最初からハッキリと**実績と信頼の見える化**をすれば、3年ではなく3ヶ月でショートカットに成功し、素早く“利”を得られる。

それ、原価いくらですか？

美味しいラーメンは作れる。しかしラーメン好きの方が自宅で自慢の一品を作り「自分にはラーメンづくりの才能がある！　ラーメン店を開業しよう！」と思い立つのは非常に危険だ。なぜなら**《原価》の観点が抜けている**からだ。人気ラーメン店を例に話そう。「はやし田」（株式会社INGS）というチェーンが日本で成長し続けている。美味い、店内の雰囲気が良い、そして1杯800円と安い。「え、知らない」と思うのは当然だ。実は都内で「○○田」という名前のラーメン店が増えている。「ふじ田」「さわ田」「ます田」と、名前も内装もメニュー名も全てバラバラなので一見、**個人の名店のように見える。個人店＝こだわりの1杯だと錯覚し、美味しそうな気分がする。**

実は「○○田」は全て**チェーン店（FC店）だが、あえて隠す**（ステルス）という戦略だ。チェーン店の強みは**大量生産・大量消費による低コスト化**。手間のかかるタレや麺は本部一括で大量に作り、各店舗ではカンタンな調理をするだけでラーメンが完成する。だから原価が抑えられており、1杯800円でも利益が出せる（利は元にあり）。美味しいラーメンに加えて、札束（カネ）で殴られたら、一般人は絶対に勝てない。気になった方は「隠れチェーン店」で検索していただきたい。

「1杯800円」という誰かが作ったゲームステージの上でラーメン店と勝負をしても、一般人が原価競争で勝つことは不可能だ。

個人の飲食店が勝つには**高級化・完全予約制・少量生産**の戦略しかない。1杯＝2000円で1日100食の限定にし、完売させて**希少性を上げる**。有名メディアから認められて**権威性**を得る。高級＆希少の憧れ＝SNSに載せたくなる**贅沢**（ぜいたく）を提供する。原価では大手に勝てないのだから、**高単価ラーメンというゲームステージを自分で作る**Rulerになるしかない。

1トンでたったの10万円

有名人・芸能人がアパレルやコスメのブランドを発売するSNS投稿を頻繁に見かける。**最も大きい要素は原価率**だ。アパレル＝“布”、化粧品＝“化学製品”は、実は**原価が激安**。1本1万円以上の**高級化粧水は“ほぼ水”**というのは有名な説だ。皆さまが高級ブランドとして買う1万円のアウターやウェアの原価は1000円以下の可能性も高い。他にもサプリメント、プロテインなども強烈に原価は安い。

原価が抑えられていると**利益率が高く**、売れ残って廃棄しても経済的に痛くない。だからSNSのフォロワー10万人以上の知名度がある人にとって低原価は**美味しいビジネス**となる。この本質は50年後も変わらないだろう。

低原価ビジネスあるある：**アパレル・化粧品（シャンプー）・サプリメント・**

プロテイン・スイーツ…など。私は化学系の大学を卒業しており、化学の知識がある。原油→ナフサ→基礎化学品（ベンゼン・トルエン・キシレン類・エチレン・プロピレン等）が加工されて、化粧品・化学繊維・医療品・サプリメント・洗剤・シャンプー・プラスチック製品・ゴム・PETボトルなどが作られている。例えば基礎化学品のベンゼンの原価は1トン＝10万円前後だ（「ベンゼン価格推移表」で検索）。皆さまが毎日使っている化粧品・アパレル（化学繊維）・サプリメント・シャンプー等も、元をたどれば1トン＝10万円程度にすぎない。**100gに換算すると10円だ**。

我々が日々の生活で触れている**化学製品の原価は驚くほど安い**。裏を返すと、**安すぎる/便利すぎる**からこそ大量生産・大量消費による環境負荷の問題が叫ばれる時代になった。

皆さまが開始しようとしている起業&副業のタネが見えてきたら「それ、原価いくらですか？」と自問自答をしよう。まさに利は元にあり。

キーマンを押さえる

ビジネス＝「料率の交渉」だ。学校では誰も教えてくれない。私が5年以上の経営で感じたことを繰り返すが、利は元にありだ。例えば分かりやすい例は紹介料。転職ビジネスで例えると、年収800万円の35%が謝礼（800×35%=280万円＋消費税）としてアドバイザーに振り込まれる。もし一般的な料率（35%）を知らない無知の新人アドバイザーが現れた場合、世間知らずのカモだと思われた瞬間に「**頑張って10%の報酬を出しますよ〜**」と言われるかもしれない（**残り25%は着服されている**）。なめられたサインだ。なめられないためには**実績の提示**しか解決策は無い。ITエンジニア転職希望者100人を抱える有名アドバイザーになれば、むしろ企業側から「紹介料は70%でどうでしょうか？　お願いします」と下からお願いが来る。紹介料を10%、35%、70%もらえるかという料率の交渉がビジネスの基本だ。

闇雲に動く前に、**まずは良い条件の料率をゲットする**。料率の交渉をする上で**キーマン（＝意思決定権を持つ人）と会い**、直接の会話・メッセージの量を積み重ねる。**信頼のわらしべ長者**となる。キーマン以外と交渉しても時間のムダになるので「相手企業の**意思決定者が同席しない商談は禁止とする**」というルールを設けている企業もある（これは私も同意だ）。

交渉を積み重ね、キーマン攻略に成功したら、例えば20人成約したら〇%にアップ、50人成約したら〇%にアップと事前に**契約書**を締結する（社会は証拠が全て）。料率の交渉をしないままがむしゃらに走っても疲弊する。転職や広告代理店などの仲介業では**料率の交渉＝利益の元**となる。

やはり仲介業でも、**利は元にあり**。

※ 具体的にどうやって関係値を築くのか？「営業のコツ」は今後発信するのでお楽しみに。

利益とは何か？

利益＝競合が追いつくまでの時間

ビジネス用語で**マーケット、パイ（市場）の大きさ、シェア**という考え方がある。初めて事業を行う人は「マーケットなんか気にしてもしょうがない！私は私！」と楽観的になりがちだが、残念ながら**パイ（市場）の奪い合い**は必ず起きる。最終的には市場の大きさ・競合とのシェア争いが最重要となる。

「利益」の正体とは、競合が追いつくまでの“時間”だ。

時間を数値化したものが**利益**だ。資本主義社会では見えざる手が働き、儲けすぎているビジネスは平準化される。大きな利益が得られる**美味しいマーケットの存在が、大手に気付かれてしまうと大量生産・大量消費の参入をされる**。「同じ商品なら安いほうがいい」と、価格の圧力を受ける。

「めっちゃ儲かる！」というマーケットやお祭りを発見し、2～3年ほど利益を上げて油断していると、突然ゴールドマン・サックスが参入してきて札束で殴られたり、ファンドに爆買いされて畑がすべて枯れることも実際に起こりうる。何のビジネスかは言わないがセカニチも札束で殴られ、畑を枯らされた経験もした。政府による既得権益、理解不能な規制も起こりうる。

無尽蔵なマーケットは地球上に存在しない。我々は**競合に追いつかれる前に動き続けなければならない**。現状維持は後退である。

ただし不安になりすぎないでほしい。**日本だけでも資本主義市場は驚くほど大きい。日本の人口は11位/196カ国と世界トップクラス**だ（平均年齢はさておき）。私の経験上、**年1000万円の売上規模であればどんな市場でも狙える**。大企業でサボっている中年ですら年収1000万円以上を受け取っており、市場の平均点はビックリするほど低い。

だから勝てる。あきらめないモチベーションさえあれば稼ぐことはできる。

※ 年3000万円以上を狙うならパイ（市場）の大きさ、競合シェアを考える必要が出てくる。私が経営するKoru-workers株式会社は年3000万円以上を5期連続で記録している。競合（お金系SNS）の動きには敏感だ。

失敗＝リスク？　4つの恐怖

私は会社経営を5年以上している。法人の融資（借金）は3000万円以上ある。そして失敗・損は数え切れないほど経験した。皆さまに知ってほしい起業の4つの恐怖を共有しよう。リスクを正しく知れば、正しく避けられる。

①在庫リスク・ロス

在庫リスクは常につきまとう。飲食関連ではほぼ確実にロスが出る。余った食品をそのままゴミ箱に投下するのは心が痛む。私の母は農家の家系なので、食品をゴミ箱には捨てられず、私は自分で食べていた（そして激しく太った…笑）。どんな時も在庫リスク・ロスのことを常に考えるべきだ。仕入れた段階で勝負は決まっている。

利は元にあり。大量生産・大量消費の資本主義で勝つには**躊躇（ちゅうちょ）なく食品をゴミ箱に捨てられる人が勝つかもしれない**が、私は捨てることはできなかった。つまり私は飲食ビジネスに向いていない。

※ 在庫リスクが無い・腐らないという意味では「有料のLINEスタンプ」を大ヒットさせている人は日本最強だ。

②"見栄"という恐怖の固定費

会社経営における最大の敵とは、“見栄”だ。**豪華な新オフィスに移転したときが業績の天井**という起業の名言がある。この法則はかなり当てはまっている体感だ。私は10年間で数多くのベンチャー企業を見てきたが、見栄を張って広大な新オフィスに移転した9割の会社は、それが業績のピークだ。以降、巨大な家賃という固定費で苦しめられて自滅する。

3大固定費（家賃・人件費・広告費）のムダ遣いが会社経営では身を滅ぼす。異性の気を引くために**見栄と欲に溺れてしまう経営者は多い**。

「人生は3つのLで破滅する。Lady(女)、Liquor(酒)、Leverage(借金)だ」by ウォーレン・バフェット。

裏を返せば3大固定費と見栄を攻略すれば勝ちやすい。例えば家族で保有している防音完備の一軒家で家賃0円でコツコツとピアノ教室をやれば勝つのは当然だ。

③借金は怖いものではない

正しいお金の使い方であれば、Leverage（借金）はリスクではない。1万円を払って1万円の机を手に入れたら価値は釣り合っており、破産しようが無い。一方で**破産する人の原因は必ず"見栄"**だ。原価1万円のシャンパンに20万円を払うと釣り合っていない（まさにLadyとLiquorだ）。

正しくお金を使えば借金＝資産となって釣り合う。

※ バランスシートの詳しい解説は前作を参考に。[セカ本① P.131 参照]

現在、**日本は奇跡の国だ**。法人の事業用融資の金利でも2%を切るので、**金利はほぼ無いに等しい**と私は感じる。現時点でアメリカ国債（＝実質、元本保証と言える）の年利は3～4%近くなっている。つまり**3%以下でお金を借りたら勝ち、3%以下は全て"低い金利"**だ。公庫・保証協会を使えば1000万円前後は金利1.5%以下で借りられる。連帯保証人を無しにすれば、もし会社が潰れても個人の責任は問われない。

「融資（借金）って怖くない？」と聞かれることがあるが、**もはや借りていないほうが相対的に損をしている**ほどだ。ちなみにアメリカで不動産ローンを組もうとすると金利は日本の20倍以上する。**日本は我々経営者にとって天国だ**（一方で銀行の株主にとっては地獄）。

④パートナーの裏切り

信頼していたパートナーから裏切られて大損することは、起業あるあるだ。

起業の4つのリスク

② 見栄

高い固定費　自滅

③ 借金

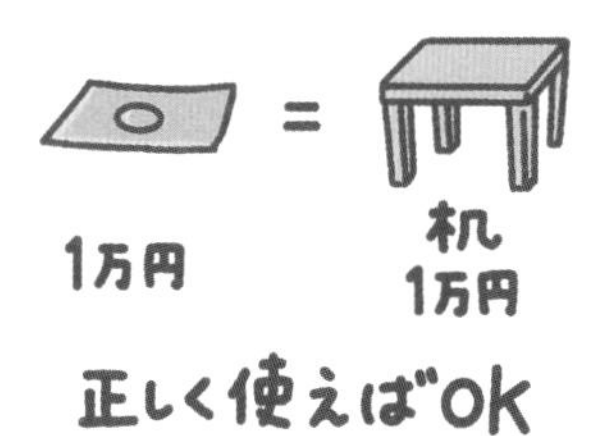

1万円　＝　机 1万円

正しく使えばOK

④ パートナーの裏切り

× 情熱を失う　○ 互いにリスペクト

どんな経営者に聞いてもほぼ全員が経験している。私も何度裏切られて、いくら損したか数え切れない。自分がお金を払って仕事を依頼したのに、情熱を失って、フェードアウトされる（逃げられる）ことがある（パートナーとは自社の身内だけではなく、他社の取引先も含む）。

例えば友人と共同創業する！　友人の会社から業務委託を受ける！　と覚悟を決めたなら、一緒に事業をやる仲間として友人／非友人は全く関係ない。大事なことはお互いにリスペクトが有るか・無いか。事業を通じて多数のトラブルも経験するが、お互いのリスペクトが無い関係は壊れる。これは株主と経営者の関係も同じだ。リスペクトが無い外部の株主から資金調達をすると必ず不幸になる。

会社の経営＝結婚生活に近い。容姿だけ・資産だけで結婚すると必ず不幸になる。大切なことは相手へのリスペクトだ。不満を持ったときに「言いにくい」のであれば、それは適切な信頼できるパートナーではない。どんな時も本音をぶつけられる信頼できる相手とだけ付き合おう。

「あれ？　おかしいかもな？」と初対面で感じた人とは深く関わらない方が良い。距離感をミスすると自分が苦しむ。

人間関係は必要になる前に築くべし。「誰かの助けを得ないといけない状況」になってからでは遅すぎる。先に恩を送らないと自分が苦しくなる。

相手にどう助けてもらうか想像もつかないときから、損得勘定抜きで人間関係を構築すべきだ。

なぜVisionが必要か？

人が最高の幸せを手にするのは、誰かの役に立って喜ばれたときだ。逆に言うと、人を不幸にしている仕事はやりたくない。1人の消費者として私もそう思う。商品の購入が何につながるのか可視化されていると信頼できる。**どうせ同じお金を払うなら"社会的な意義"が分かるほうがいい。**

例えばオールバーズ（Allbirds）というスニーカーのブランドがある。サッカーの元ニュージーランド代表選手が創業者の1人だ。**社会への説明責任・透明性を強く経営ビジョンとして明言**している。自社のスニーカー製造・デザイン・管理・廃棄にかかる全てのcarbon footprint（温室効果ガス）の合計値を自ら公開している。「**環境負荷を見える化する**。製造者としての**説明責任を果たす**。オールバーズの商品が排出するcarbon footprintの数値がゼロになるまでは、食品表示のように明記してお伝えします。天然素材やリサイクル素材などを取り入れて、環境への負担を減らします」と提唱している。どうせ同じスニーカーを買うなら私はオールバーズを買いたい。4年以上オールバーズだけを履き続けている。

買い物とは投票だ。お金とは社会への投票券だ。

つまり皆さまが事業を行うときも、**この買い物が社会にどうつながるか？**という透明性のあるメッセージを出すべきだ。**これらを総称してビジョン（Vision）と呼ぶ**。起業の未経験者が"会社経営のVision"と言われても「そんなもの無いよ…」と思ってしまう。

しかし安心してほしい。**カンタンな公式**がある。《3W1H》だ。

Vision ＝ 3W1H

- **Why：なぜやるか？**→現状への問題意識
- **What：何をやるか？**→何の問題を解決するか
- **Who：我々は誰か？**→信頼できる人間か
- **How：以上のことを、どのようにやるか？**

それぞれを２～３行で明記するだけでも**透明性がある経営**になる。まずはスマホのメモ帳に個人レベルでも良いので3W1Hを書いてほしい。皆さまには自由な発想をしてほしいのでセカニチの3W1Hはあえてここには書かない。**Visionがあるから、パートナーや社員がモチベーション高く動く。**社員は自社の一番のファンであれ。社長がVisionに向かって全力で挑戦し、大きいメディアで取り上げられたら、一緒に喜ぶ。社長が横柄な態度ではパートナーと社員の心は離れていく。常に挑戦し、透明性のある経営を通じて、努力している姿を提示することだ。

時価総額7兆円を突破し、日本TOP10の代表企業となったリクルートホールディングスの出木場久征社長の投資判断基準がある。**なぜここにいるのか？**だ。「あなたのサービスはどんな世界をつくるのか」と経営者に必ず聞く。「質問を重ねていくと、その経営者が本当に細部に至るまでビジネスを考えているのかがハッキリ分かる。細部までビジネスを設計できている人が語る“そのサービスがつくる世界”は、くっきりとその姿が見えてくる。反面、考え抜けていない経営者にどれだけ質問を重ねても、絵が見えてこない。」と出木場社長は語る。

なぜここにいるのか？　というシンプルな問いは、しっかり考えていれば中学生でも答えられる。**Visionとモチベーションさえあれば年齢は関係ない。**

もし仮に、Visionが無いリーダーがトップに立つと？ Vision無しで人のやる気・興味を生み出すには、人類は歴史の中でたった3つの方法しか発明していない。**①洗脳（教育）、②暴力、③お金（欲求）**だ。洗脳・暴力・欲求によって、大日本帝国がどのような末路を辿ったかは説明不要だろう。

投資したくなる事業計画書を作れ

不動産で融資を受けるのであれば社会的なストーリーは要らない。建物の価値を機械的に算出し、源泉徴収票・課税証明書・住民票・印鑑・身分証明書さえあれば融資は受けられる。

しかし事業（起業）では異なる。銀行や投資家から投資（融資）を受けるには“社会的なストーリー”と“実績”が必要だ。**なぜ支援をする必要があるかという大義名分**だ。**だからVisionが必要なのだ**。**起業家にとって銀行（信金など）は非常に重要だ**。資金を早く得られれば、**タイムマシン**となって壁をショートカットできる。私も苦労したが4ケ所から融資を受けられた。少しコツを整理すると以下の**「7つ」を資料化**することだ。

最初はテキストのみでも良い、まずは書いてみよう。意外だったのは7番目の**メディア露出スクショ**の反応が良かったこと。銀行員は硬いイメージがあるが、相手も1人の人間だと感じた。

①代表が過去に結果を出している（会社員／学生時代）。
②経営メンバーがいる／実績あるパートナー（企業）がいる。
③代表の過去の経験と、これから狙う市場が近い。
④市場規模が大きい。
⑤競合が弱い／いない。
⑥競合の価格が高い／儲け過ぎている。
⑦メディア露出（第三者から認められているエビデンス）。

なぜ会社を作ると税金がお得なのか？

Q　どのタイミングで法人化するべきか？

年間の売上が700万円を超えたら会社を作ろう（個人事業主を卒業）というのがセカニチの持論だ。ただし、**人によって正解が異なる**。100人いたら100通りの正解がある。私の意見はあくまで参考の1つだ。

本書では一貫して**プロを味方にする重要性**を何度も述べてきた。税理士という財務のプロに法人の決算をお願いすると最低でも年間20万円かかる。

結論として、**20万円分のプロのアイディアで得になりそうなボーダーラインが年間700万円の売上だ**。年間500万円以下だと、アイディアの余地が無い（プロにお願いするメリットが無い）。もちろんビジネスモデルによるし、人にもよるので、詳細は税理士に相談をしよう。私の友人は年間売上500万円ほどだが、確定申告を税理士に丸投げしている。それは**丸投げのほうがラクで、時短にお金を払っている**のだ。また税制とは別件だが「気合いが入る」「周りの人に応援してもらえる」というメリットを私は感じているので、基本的にすぐ法人化したほうが良いという見解だ。

※ オススメは「法人化はどのタイミングで実施すべき？ 法人成りを行う時に検討すべき6つの事項」（Takeoffer会計事務所）という記事をご参照ください。詳しくは「Takeoffer　法人化」で検索。

税理士は安ければいいのか？　答えはNoだ。税理士とは自動車保険のようなイメージだ。事故が起きなければとにかく安いほうが良い（かもしれない）。しかし車を運転している限りは**事故リスクが常にある**。もしものトラブルが起きたときに「安かろう悪かろう」だと**後悔**する。

税金の戦略を一緒に考えて伴走してくれる税理士（人生のパートナー）ではない場合は毎年ストレスになる。

私は**神の税理士・井上剛夫さんに全てを丸投げ依頼して非常に快適だ**。

料金は月5万円。**法人の決算**は当然の上、**個人の確定申告・融資の相談の手数料・銀行への説明資料コンサルもすべて込み**。領収書は封筒に投げ込み、法人も個人も丸投げし、**確定申告は12月下旬にほぼ最速で終了**している。

時間を買うことができるので大変重宝している。もし社員として雇ったら年収2000万円でも足りない。**丸投げで月5万円なら経済合理的だ**。

起業の流れは皆同じで、ぶつかる壁もみんなだいたい同じなので先人の知恵と経験が活きる。セカニチの事業と全く関係なさそうな事業だとしても力になれるはずだ。ぜひ起業前にDMをください。

※ 知っておきたい経費の話：①交通費・交際費・仕入れ・消耗品などは当たり前だが、実は自宅の家賃・電気代・携帯料金・ガソリン代も経費にできる可能性がある。 ②出張旅費：出張旅費は領収書の提出が不要だ。1泊あたり2万円の経費計上も可能。※ただし①②ともに事業に必要だという前提。詳細は税理士と相談を。

新しい産業を生み出すことが日本再生のカギ

稼ぐことから逃げるな

お金の正体とは、世の中を幸せにした度合いを可視化したものだ［セカ本① P.18参照］。困っている人を助け、新たなサービスが生まれれば、お金を稼ぐこと＝社会を幸福にすることにつながる。だから正しい方法で稼ぐことは社会全体に対して大きな価値がある。

お金をもらう＝申し訳ないこと…は、日本人の悪い風習だ。「自分なんて…」「まだまだですが…」は大人になったらやめよう。**自信を持って正しい対価を請求する**。稼ぐことは正義。正当な対価を請求しなければ、あなたの人生は苦しくなる一方だ。**稼ぐことから逃げてはいけない**。

人生はモチベーションがすべてだ。学歴や職歴は関係ない。高いモチベーションで市場の平均点より少し上の仕事をするだけで利益は必ず出る。千里の道も一歩から。まずは小さな一歩から始めよう。

日本のGDPを上げるには？

国の経済力を測る指標としてGDPが用いられる。日本は戦後から世界No.2の経済大国を誇っていたが、2010年に中国に抜かれ、現在は米中に圧倒的な差がつけられ、4位のドイツにも迫られている。日本は世界No.1の高齢化社会なので、このままではGDPの下降が続くだけだ。

※ GDP：「Gross Domestic Product」の略で、「国内総生産」を指す。

GDPを上げる要素は大きくは3つ。**①新しい産業の誕生（規制の緩和）、②生産性向上（無駄をカット）、③人口ボーナスだ。**

残念ながら日本では新しい人口ボーナスは二度と起きない。①②の2択になる。誰も起業せず、新しい産業（日本発のApple、Microsoft、Google等）が誕生せず、もし現状維持のまま進んだら？　**このままだと日本はキレイな東南アジアになる。**物価が安く、外貨を稼げる産業は観光のみ。観光地として選ばれる理由は安くてキレイだから。ちなみにイタリアとスペインでは同じように**国の産業は観光に頼るしかない**という現象がすでに起きている。

私は日本で生まれ育ったので、**日本の新しい産業の誕生（＝起業）**を応援したい。だから株式投資を通じて、ソニー、任天堂、東映アニメーションを応援する。日本産業の復活のカギは**半導体、ゲーム、アニメ**だ。開発には膨大な金額と時間がかかるので、セカニチ1人が貢献できることはわずかだ。ではセカニチの活動を通じて、日本の経済に貢献できる**2つの撲滅**を考えた。

1.「詐欺」を撲滅　セカニチは**“情報”という環境破壊問題を解決したい。**日本は**ステマ天国**と呼ばれる。ステマ、アフィカス、Google検索（SEO）の汚染を健全化し、だましたモノ勝ちの社会を変えたい。汚れを一掃するには、本章の冒頭で紹介した「目利き」だ。本当に良いモノだけを厳選し、**国民全体の投資リテラシーの底上げを目指す。**警視庁の発表によると日本国内の特殊詐欺の**被害金額は年間約300億円**だ。スマホとSNSの発達に伴い手口は巧妙化し、刑事事件として立件できない泣き寝入りも増えている。全身ブランドで固めたスーツの人を信じてしまい、詐欺のような話もカンタンに信じてだまされる。

特に**不動産と生命保険**は人生で最も大きい買い物の1位と2位だが、残念ながら広告・営業・アフィカスにだまされて大損する人が多い（9割以上の人がカモ）。セカニチが正しい知識を発信し、被害を防ぐことで、年間数十億円・数百億円の被害者を救いたい。年間数十億円・数百億円が正しい投資に回されたらGDP向上に貢献できるだろう。

株式投資では世界最強S&P500には勝てない（日本経済の希望はソニーだ）が、**不動産（都心の好立地）の目利き**であればセカニチが貢献できる。

正しい知識を広めることが私の責務だ。

2.「3M」を撲滅　セカニチは3M（ムダ・ムラ・ムリ）を撲滅したい。

- **ムダ▶負荷が能力を下回っている。**
- **ムラ▶ムリとムダの両方が混在。時間によってばらつく。**
- **ムリ▶負荷が能力を上回っている。**

それぞれの2文字目をとって**ダラリ**と呼ばれる。このマネジメントはトヨタでも推奨されている。3Mが散見される現場は無数にある。例えば**宿泊業界の需要一極集中の問題点**を冒頭で紹介した。ハイシーズンは宿が不足・働く人も不足しているムリな状態だ。しかしハイシーズン以外は社員の手が余って暇になり、人件費・家賃がムダだ。日本のホテルはムラだらけで、「余っているのに足りない」という意味不明な状況になっている。

旅館業法という規制に守られているので、現在はフードトラックのような形式の宿泊施設を都心で大規模に行うことは厳しい。ハイシーズンだけは公園をキャンピングカーOKにする規制緩和はできないものか。もしくはハイシーズン（祝日）を国民で分散できないか。星野リゾート代表の星野佳路（よしはる）さんは宿泊施設の規制と祝日の一極集中を強く問題視している。

ちなみに**国が指定する祝日数では日本は世界No.1**だ。にもかかわらず、五輪を通じてまた8月に祝日が増えた。政府が好き勝手に税金を使うために、**祝日増加（と給付金）は国民を黙らせるツールになっている。**

次に祝日が増えるのが徴兵記念日だとしたら笑えないジョークだ。祝日が存在しない6月や12月に作れば国民が熱狂すると考えているのか。祝日は

国の指定ではなく、各個人の自由な意思で取得すればいい。フランスでは地域によって休暇を分散取得することで国民の幸福度が向上している。

見えざる手とは経済学で当たり前すぎる話だが、日本の産業は政府との**癒着による利権・規制が非常に多い。古い産業を政府が守り続けている**状態では、見えざる手は発揮されない。本来は淘汰されるべきゾンビ企業が補助金・給付金・助成金によって支えられている（ムダな税金の使い方だ）。

セカニチはジャーナリズムを通じて**歪んだ現状を社会に正しく知ってもらいたい**。星野さんのような正しい意見を広げる**拡声器**の役割を担い、規制緩和の社会的ムーブメントを作り、新しい産業が生まれるキッカケを作りたい。

新しい産業を生まなければ、新たな起業家が誕生しなければ、**古い仕組みの大企業が精神論を先行させたマネジメントが頻発する**だろう。皆さまの職場でも3Mはないか？ ムリなノルマを上司から押し付けられる。誰かがサボっていたツケにより締め切り直前に仕事が降ってくる…等。

精神論の多くはムリを誘発する。その最たる例が**大日本帝国**だ。計画性のないムリな侵略で100万人を超える日本人の餓死者を出した。歴史は繰り返すのだろうか。それは私たちの今日からの行動次第だ。

自分の身は自分で守る。これからも**セカニチとともにお金と働き方の正しい知識をアップデートし続けよう**。

※ GDPにこだわる考えは「GDP教」と呼ばれることもある。宗教に近いということだ。GDPを国の成長の指標にして良いのか疑問だ、という考え方もある。国民の幸福度・報道の自由度などを新たな指標にすべきか？もちろん正解は無い。大切なことは我々が小さい雪だるまだとしても考える習慣を持つことだ。

・おわりに・

メディアの功罪

戦後の新聞は**侵略戦争推進の過ちの反省**からスタートした。しかし反省を忘れ去り、再び戦争推進の過ちを繰り返そうとしている。2022年、巨大メディアの重鎮たちが**軍拡を容認する「世論づくり」をする決意**を表明した。

・読売新聞（山口社長）:「メディアにも防衛力強化の必要性について理解が広がるようにする責任がある」
・日経新聞（喜多顧問）:「民間企業が**防衛分野に積極的に投資**する環境が必要だ。（軍拡の財源について）**国民全体で負担する**のが必要」
・元朝日新聞（船橋氏）:「特に南西諸島と先島での**（日米）共同使用態勢**を整えるべき。**所得税の引き上げ**も視野に入れるべきだ」

各新聞社は系列会社としてテレビ局を保有している。もし家庭にテレビが無くても皆さまはSNS動画の切り抜き等でテレビの報道に触れ、無意識に信頼している。メディアも政治家も右傾化が止まらない。これが**有識者会議**の実態だ。

国民を洗脳し、悪い意味で人類史に名を残す独裁者ヒトラーは**「貧乏な者、病んでいる者、困窮している者ほどだましやすい」**という言葉を残した。

お金を欲する人ほどだましやすいのは、**約100年前から普遍の真理**だ。

いつか自分たちを殺す者たちを、自らの意思で従順に支持してしまう。誰かの意図どおりにだまされ、従順な魚は美味しく食われる。**殺されてから文句を言ってももう手遅れだ**。本書では何度も繰り返したが、戦争には反対だ。

マスメディアは「三権分立を監視する**第4の権力**」と呼ばれる。本書では繰り返し**メディア（テレビ）の影響力**を論じた。日本人はテレビを無条件に信頼する。**最強の権威**だ。テレビ・新聞が「広告費」で黙らされると私は感じる。メディアが政府の税金バラマキを受け取れば、政権批判はできない。

自ら支持してしまう…?!

1937年、大日本帝国政府はメディアを通じて「国民精神総動員」のスローガンを提唱した。国家のために自己犠牲で尽くす国民の精神（滅私奉公）により、**国民の“戦争協力”体制**の構築を図った。官製の国民運動だ。メディアが批判的思考を放棄し、政府発表をそのまま垂れ流すと国は滅びる。

「敵から攻撃される前に、先制攻撃だ！」「欲しがりません勝つまでは」とメディアが国民を煽った戦前戦中の大日本帝国を忘れてはいけない。

「異次元の」「いまだかつてない」「スピード感を持って検討」「丁寧に説明」…など。修辞句だけエスカレートする現代の政府発表。憲法を無視して、敵基地攻撃能力を含めた莫大な防衛予算の増額を勝手に決める政権与党。閣議決定の味を覚えてしまったら一生繰り返す。一方で同性婚等の話になると「極めて慎重な検討を要する」と。増税や外交でも慎重な検討を行っていただけないものだろうか？ 第4の権力は**悪い意味の拡声器**になってはいけない。

私たちを守る「日本国憲法」

「**過去に国家権力が行ってきた失敗を繰り返さない**ため、それを禁じるルールが日本国憲法。国の理想を書いたものではなく、**国家権力を制限する**ためのもの」（木村草太・憲法学・大学教授）

国会議員が**自分たちの権力を縛るルール（日本国憲法）**を変えたがるのは、自分にとって都合が良いからだ。内なる欲望を隠し、国民にはメディアを通じて**「おいしい大トロ、差し上げます」**と話す。給付金というパンを配り、ストレス解消に祝日を増やせば国民が黙ると思っているのか。権力者がメディアを通じて国民に良い顔をするときは、**必ず裏の意図がある**。

私は会社員時代に広告業界とテレビ業界を深く見て、コネ入社の多さに驚いた。**テレビ局＝政治家の息子＆娘だらけ**。広告代理店＝広告主とメディアの息子＆娘だらけ。つまり、**政治⇔メディア⇔広告代理店⇔広告主**は、**非常に近い関係**なのだ。古代ローマ時代の「パンとサーカス」は、**政治＆バラマキ＆メディアがつながると国が滅ぶ…**と我々に歴史の教訓を教えてくれる。

セカニチのモチベーションの源

なぜセカニチはNISAや不動産の発信を続けるのか。**賢明な読者の皆さま**は、すでにお気付きだろう。マーケティングの章でも述べたが、**人はメリットがないと動かない**。セカニチの活動の根本は、**税金・投票・政治・メディアのジャーナリズム**だ。毎日の活動を通じて、「投票に行こう」だけでは大衆は動かないことに気付いた。納税者は不動産の良い権利を持っている。だから最初に、**不動産等でメリットを得てほしい。**そして**確定申告を通じて、税金を考えるキッカケ**としてほしい。税金の使い道を決めるのが「選挙」だ。セカニチは投票率を上げたい。**1票の値段＝424万円**と前作で書いたが、現在の国家予算（税金）は更に跳ね上がって過去最高を記録した。

「政府が過去最高に税金を使う」とメディアはあなたに教えてくれたか？

人を疑わない日本人は、悪者・詐欺師にとって格好のカモになる。誰かの意図に従順になりすぎたら食われるだけだ。ぜひセカニチと一緒に正しいお金の知識を広めていただければ幸いだ。ご家族や友人を救うために。

本書を最後まで読んでいただきありがとうございます。貴重な機会&客観的なご意見をくださった編集者・亀井さん、装丁・本文デザインを仕上げてくださった別府さん、寝ずにイラストを仕上げていただいたゆんさんに感謝を述べたい。本書の新作イラストは1枚につき**30往復以上の改良**を重ねて完成した**我々の人生をかけた血と涙の結晶**だ。ぜひお役立てください。そしてセカニチの活動を日頃から応援してくださっている読者の皆さまに、心から感謝を申し上げたい。今後も誠実な活動を通じて必ず恩返しをしたい。

「奇跡の大逆転」

2015年9月19日、ラグビーワールドカップで16連敗中だった日本代表が、過去2回の優勝経験を持つ南アフリカ代表と初戦で対峙した。日本のヘッドコーチはエディー・ジョーンズ氏。世界的な名将だが、試合前のブックメーカーのオッズは34倍：1倍であり、誰もが「日本の勝利は不可能だ」とあきらめムードであった。しかし**日本代表は優勝候補・南アフリカを34-32で破る番狂わせの勝利**をつかみ、「ブライトンの奇跡」と世界中で報じられた。

私は「奇跡」の逆転トライの瞬間を現地スタジアムで目撃した――。

ラグビーは世界で最も残酷なスポーツだ。キツい？　痛い？　怪我？…違う。**実力差がハッキリと結果に出る**からだ。身体をぶつけ合うフィジカルのスポーツであるがゆえに、実力差がわずかでも試合の時間が進むにつれて点差は開き続ける。つまり**奇跡の大逆転は、ラグビーには存在しない**。

日本の勝利は「奇跡」「スポーツ史上最大の番狂わせ」と呼ばれた。

エディーは魔法を使って奇跡を起こしたのだろうか？ いや、違う。

スタジアムに立っていた日本代表だけはラスト1秒まで「100%確実に勝つ」と**心の底から信じていた**。休む時間もなく毎日ふらふらになる全力の走り込み・朝5時からの早朝練・一瞬でも気を緩められない厳しいハードワーク。世界トップチームのオーストラリア代表やイングランド代表を率いるエディーは**「日本代表が、世界で最も厳しい練習をした」**と語っている。

つまり日本の勝利は奇跡ではない。世界最高の努力と指導に裏打ちされた**必然の勝利**だった。逆転勝利の裏には、**正しい方向に導くリーダー**がいた。

皆さまの人生にも**必然の勝利**は訪れる。それが日々の**時間の投資**だ。正しい場所で、正しく努力を重ねれば、希少性が高まって価値は跳ね上がる。

「そんなことできる訳がない」と思えるほど、大きな目標を設定し、100%の努力をせよ。**目標は不可能なほど大きいほうが良い。**太平洋戦争で日本は焦土と化したが、わずか20年で世界2位の経済大国となった。これほど目覚ましい復興と成長を遂げた国は無い。自らの意思で、自らを眠らせてはいけない。**眠った魂を目覚めさせるのはあなた次第だ。**勇気とは慣れた自分を捨てること。**明日のために準備せよ。**熱意をもって着々と準備を重ねれば、**必ず成功を手中にできる。**――エディー・ジョーンズ

私たちは無力ではない――日本の「未来」のために

①既得権益は無くならない：「既得権益」と聞くと悪そうな匂いがする。既得権益を壊せば社会が健全化される。しかし問題は、既存の権力者が消えても、また新しい権力者が出てくることだ。だから私たち国民にとってのベストプランは、**真の優秀なリーダーに権力者になってもらう**ことだ。

②国会議員の役割は弱者を救うこと：1人のヒーロー「天畠（てんばた）大輔」を紹介しよう（氏名を検索して記事や動画を見ていただきたい）。14才の時、医療ミスにより後天的に重度の障害を抱えた。日本で最も重い身体障害を持つ研究者だ。**誰にでも「居場所のある社会」をつくりたい**と語り、2022年に国会議員として初当選を果たした。彼がいる限り、**日本のリーダー**・国会議員にも希望はあるはずだ。**人の痛みが分かるからこそ、人に優しくなれる。**

③日本にはあなたのチカラが必要：あなたのアイディアや小さな声が、新たな産業のヒントとなる。需要の変化をチャンスにし、課題解決の仕組み化を通じて、社会の幸福度は最大化される。そして我々と一緒に日本の投票率を上げていこう。**未来がヤバい日本を救うには、あなたのチカラが必要だ。**

あっという間に時間は過ぎる

都立国立高校ラグビー部の練習の猛ダッシュを思い出す。地獄の全力ランはたった10分間でも永遠に終わらないかのように長く感じる。一方で、**たまの練習の休み、あっという間に時間は過ぎる。時間を長く感じられるのは青春の特権である。どうか存分に走れ。戦争をしないために**（藤島 大）。

明日のために準備せよ！

私たちは同じ１分１秒を過ごしているが、ぼーっとしていると人生の貴重な時間は過ぎ去ってしまう。そして失った時間を取り戻すことはできない。

冷静に考えると、**時間＝命**だ。時間はどこから来るのか？　そう、**両親**だ。私たちを産んでくれた両親には、心から感謝を伝えよう。**大切な親御さんは、いつか必ず死ぬ**。親孝行したいときには親はなし。感謝できる**今という時間の価値**を噛み締めよう。私も人生をかけて精一杯の感謝を伝えていく。

私たちは生きるためにお金を稼ぐ必要がある。そして**命を削りながら働いている**。日本人の平均寿命は世界No.1（約85歳）であるが、死は誰にでも平等に訪れる。肩書や資産額は関係ない。**命＝時間＝死は全て平等**だ。

テスト前日に凄まじい集中力で詰め込んだ経験は誰しもあるだろう。全く同じ24時間でも、全く違う体感だ。つまり「締め切り効果」を使えばあなたは何倍も濃い人生を歩める。**成功者は自らの意思で、自分自身の締め切りを作る。**誰かからの指示を待つだけでは人生は退屈なものになってしまう。

人生は自由だ。そして、私たちは幸運なのだ。エディーは**準備（Prep）**が口癖だ。明日という「未来」に向けて準備せよ。まずは小さな１歩から。動き続ければゴールラインは目の前にくる。奇跡の大逆転はもうすぐだ。

人生は何かをするには短すぎるが、何もしないには長すぎる。

最新情報は各種 SNS をフォローください！

皆さまが自由な人生を歩めるよう、本書では厳選したオススメ情報をお届けしました。各情報は今後アップデート / 変更が入る可能性もあります。常に最新情報を得たい方はセカニチの各種 SNS フォローをお願いします。

今後も社会にとって有益で誠実な発信を心がけます。

●Instagram：@sekanichi__

●Twitter：@sekanichi__

●公式 LINE：@sekanichi

●YouTube：セカニチお金の道場

●note：すべての記事を無料公開中！

●リンク集：主要な情報を集約！

本書で印象に残った言葉があれば **＃セカ本2** **＃未来がヤバい日本でお金を稼ぐとっておきの方法** の2つのハッシュタグを付けて SNS に投稿ください。 必ず拝見しに行きます。2〜3行でも本の感想をいただけると私たちの心のガソリンになります。

質問や相談も大歓迎です。 一緒に皆さまの悩みを解決していきましょう。

SNS の DM が最も返答率が高いですが、「セカニチにどうしても相談があるけど SNS をやっていない…」という方は E メールをお送りください。お仕事依頼は E メールでお願いします。

E-mail: yuki.minami@koru-workers.com　南 祐貴（セカニチ）

［著者］
南 祐貴（セカニチ）
Koru-workers株式会社 代表取締役。1989年東京都調布市生まれ。2012年に大手広告代理店に入社。約6年勤めて、自由になるため退職・起業。クラウドファンディング等で資金を集めて高輪ゲートウェイ駅の近くに宿泊施設「Koru Takanawa Gateway」をオープン。同時に、経済や投資をわかりやすく解説する「#世界最速で日経新聞を解説する男（セカニチ）」を開始。マイナビ・ジチタイワークス等の就活・キャリア・資産運用セミナーにて満足度90%を超える人気講師。年間のセミナー視聴者数は延べ5万人以上。各SNSで毎日発信中、総フォロワー数は10万人を超える。YouTubeしゅんダイアリー就活チャンネル等の全SNSの動画は合計4000万再生以上。

●Youtube：セカニチお金の道場
●note：sekanichi
●Instagram：@sekanichi__
●Twitter：@sekanichi__
●公式LINE：@sekanichi

未来がヤバい日本でお金を稼ぐとっておきの方法
――お金と働き方の常識をアップデートせよ

2023年3月28日　第1刷発行
2024年4月12日　第2刷発行

著　者――南 祐貴（セカニチ）
発行所――ダイヤモンド社
〒150-8409　東京都渋谷区神宮前6-12-17
https://www.diamond.co.jp/
電話／03･5778･7233（編集）　03･5778･7240（販売）
イラスト――ゆん
装丁･本文デザイン―別府 拓（Q.design）
DTP――――G.B. Design House
校正――――鷗来堂
製作進行――ダイヤモンド・グラフィック社
印刷――――勇進印刷
製本――――ブックアート
編集担当――亀井史夫（kamei@diamond.co.jp）

ISBN 978-4-478-11743-9
落丁・乱丁本はお手数ですが小社営業局宛にお送りください。送料小社負担にてお取替えいたします。但し、古書店で購入されたものについてはお取替えできません。